七龍神の開運お作法

ミラクルばかりの
幸福な人生に変わる

望月彩楓

KADOKAWA

七龍神の開運お作法

ミラクルばかりの
幸福な人生に変わる

望月彩楓

KADOKAWA

はじめに

こんにちは。望月彩楓《あやか》です。あなたが本書を手に取ってくれた理由はなんでしょうか？　龍が好きだったり、ふと気になったりしたからでしょうか。

いずれにしても、星の数ほどある本の中から手に取ったという時点でもう、あなたと龍の奇跡の物語は始まっている、ということを宣言しておきましょう。

さて、私は今、スピリチュアルＹｏｕＴｕｂｅｒとして、運が良くなるお話、夢の叶え方、占い、心身を浄化するヒーリング動画などを日々配信しています。おかげさまで、２０２０年12月現在、全チャンネル合計で20万人もの登録を頂いています。

この本を手に取ってくださった方の中には、すでにＹｏｕＴｕｂｅｒ「自分大好きもっちー」として私のことを知ってる人もいるかもしれませんね。

この「自分大好き」という名前、驚かれたりイラッとさせたりしてしまうこ

ともあるのですが、私の基本的な考えとして、

「まず自分を好きになって大切にすれば、他人のことも尊重できるし、余裕ができて、ハッピーに暮らせる人が増える。最終的には世界平和にだってつながる。だからみんな自分を好きになってほしい！」

　ということがあるので、あえて自ら「自分大好き」と名乗っています。これはもちろん「自分だけ」ではなく「自分から」という順番的な意味があります。

　自分を大好きになる、を実践しているからこそ、ＹｏｕＴｕｂｅでも皆さんから「いいことがあった」「前向きに生きられるようになった」「癒やされた」などご好評を頂いているんだと思います。有名な芸能人でも登録者数を伸ばすのはなかなか難しいと言われる中、世間的にはまったく無名だった私がこんなに受け入れてもらえるなんて、本当にありがたいこと。視聴してくださっている皆さんには心から感謝しています。

　そんなふうに、今では持ち前のスピリチュアル能力を存分に使って活動している私ですが、物心ついた頃から霊が見えることでひどい目に遭ってばっかりいました。だから、一時はまったく霊の世界とは関係ない道を歩もうとしてい

たんです。

ところが、自分の持つ能力を否定しながら生きてるうちに、病気になったり、いわゆるブラック企業に入ったりと、どんどん悪い方向に。

とうとう身も心もボロボロになった私を救ってくれたのは、指導霊（人の魂が成長するのを手助けしてくれる霊的存在）として私をずっと見守ってくれていた、龍神様の白龍さんでした。

白龍さんから「いっそ逆をやってみればいい」と助言をもらった私は、それまでの生き方と真逆のことをすると決め、私的に絶対にありえないと思っていたスピリチュアルな力を生かす道として、カウンセリングを始めることにしたんです。

すると、あっという間に仕事が舞い込んできて、身体は健康になり、今の夫と出会って結婚。今では本当に満たされて幸せな生活を送っています。

カウンセリングをしていて気づいたのは、以前の私と同じように、自分が嫌いだったり、自分の個性に自信が持てなかったりする人があまりにも多いこと。

それではせっかく指導霊さんたちが応援してくれても、生きづらいし、運を逃してしまうというのを実感したので、みんなにもっと自分を好きになってほしくて、ハッピーになってほしくて、ＹｏｕＴｕｂｅｒとしての活動を始めました。

令和の時代に、人々の生き方や価値観が大きく変化しています。

今までは正解が一つに決められていて、誰もが同じことをしていれば良かったけれど、これからは人それぞれ正解が違い、自分で自分の生き方を見つけなければいけない時代になります。それはある意味、二極化の時代です。

自分の個性を生かして、好きなことをしながら生きていこうとする人にとっては非常に生きやすくなるけれど、自分で何も考えずに人の決めた価値観で生きていた人にとっては、何を信じていいかわからないし、誰に従っていいかわからず、とっても生きづらくなって、その差がどんどん開いていくんです。

けれど二極化の時代を過ぎると、人それぞれが自分に合った生き方、働き方をして、互いの個性を認めながら幸せに生きられる、多極化の時代が来るんですよ！

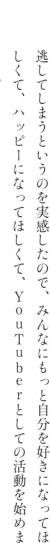

こんな時に、世間一般と自分を比べてしまい、自分はダメだ、なんて自信を持てずにいたり、自分を好きになれずにいたりしたら、自分の個性を生かして生きることができなくなっちゃう。

だから、みんな自分を好きになろうね、どんな個性も輝ける時代なんだよって私は伝えたいんです。

どうやら白龍さんは今、「この考えはとくに、令和時代の日本にとても必要だ」と共感してくれてるようで、私の発信を世の中に広めようと後押ししてくれています。

龍というのは「流《りゅう》」でもありますから、流れを作るのは大得意なんです。だから私たちが龍の力を借りると、どんな激しい流れにもうまく乗って、どんどん良い方向に進んでいけるんです。

大きな変化の波が来てる時、うまくその波に乗れたらサーフィンするみたいに楽しめますよ。

実際に私もそうだし、スピリチュアルカウンセラーをしていた時のクライアントさんの中にも、龍が味方に付いてくれてガンガン運が急上昇したって方が何人もいらっしゃいます。

　実は龍の世界からもビッグニュースがあるんです。今まで人を指導してくれる龍には、大まかに分けて、白龍、黒龍、金龍、銀龍、青龍、朱龍がいたんですけれど、これからの多極化の時代に合わせて、なんと、個性を生かすことが大得意の虹龍が新たに人の指導に付いてくれることになったんです！

　龍に味方してもらうのは難しいんじゃないか、って考える人もいるかもしれませんが、実は意識次第で誰にでもできます。

　それを私だけで独り占めするなんてつまらない。みんな龍を味方に付けて、うまくこの変化の時代の波に乗ってほしい、という気持ちで、この本を書かせて頂きました。

　虹龍を含め、七つの龍に味方してもらうにはどうしたらいいか、私が知っていることはすべてこの本の中で紹介したつもりです。

　ぜひ皆さんがその方法を実践して、龍とともに幸せに生きていけるよう願ってます！

Contents

Chapter2
白龍さん
世界を広げ、人間関係を良好にしてくれる　67

Prologue

龍を味方に付けて流れに乗っちゃおう！

霊的存在をガン無視して人生どん底に

「はじめに」でもちょっと紹介しましたが、龍が味方をしてくれると一体どんなことが起こるか、私の体験を振り返ってみたいと思います。

私は物心ついた頃から霊感があり、いつも霊に悩まされる少女時代を送っていました。

とくに小学校に上がる頃から、夜になると決まって霊が私のもとに現れて「助けてくれ」とか「成仏させてくれ」とすがりついてきて、怪奇現象を起こすようになったんです。

後でわかったことですが、その頃の私の寝室は、霊が通る「霊道《れいどう》」上に位置していました。さらに鬼門や裏鬼門の位置も悪かったらしく、未浄化な浮遊霊がめちゃめちゃ通っていたんです。

でも「助けて」と言われたって、子どもの自分にはどうしたらいいかわかりません。親に相談したところで、「そんなの夢じゃない」「気にしすぎよ」とまともに取り合ってもらえず、せめて部屋を変えたいとか、リビングで寝たいと頼んでも、笑われて聞き入れてはもらえません。

毎日霊に起こされては眠れない日々を過ごすしかなくて、不眠症の子どもなんて世界に私だけなんじゃないかと絶望していました。

学校でも霊のことを話したりすると、先生には「変なことを言うんじゃない」って怒られるし、友達にはつい指導霊さんからのメッセージを勝手に厳しくズバッと伝えたりして（笑）、完全に嫌な奴ですね。嫌われることも多くて、学校へ行くのも苦痛でした。

高学年くらいからは周りの空気が読めるようになり、霊の話をするのが他人にとっては迷惑だってことがわかって、人前で霊の話をするのは一切やめたんです。同時に、「どうせ何か言われたって、私にできることもないし」と霊や神様のことまでガン無視するように……。

それで一時はうまくいったかに思えたんですが、なぜか目に見えない存在を否定するようになると、とたんに物事が悪い方向に行ったり、嫌なことばかりが起こるようになったりしたんです。

例えば、ちょうどその頃から突然、喘息になりました。最初に風邪をこじらせ、部屋で一人で寝ていてふと目覚めると息ができなくなり、死にかけたところを、何かを察知したらしき母が飛び込んできて、病院に運ばれて一命を取りとめたことも。

しかも同じ頃に突然、アトピーを発症。せっかく霊をスルーしたのに今度は痒くて夜寝れなくなりました。誰にもわかってもらえない霊の悩みを抱え、体調も悪くなる一方で、中学生の頃までは最悪の思い出ばかりですね。

高校生ぐらいになると、だんだん現実的な世界と霊的世界をうまく分けられるようになってきました。友人たちにも恵まれて、霊能力があることをカミングアウトはできなかったものの、密かにその力は生かして、人の相談に乗ったりできるようになったのです。するとまた体調が良くなっていきました。

大学ではさらに、親しい友人には霊能をカミングアウトできるようになり、その力を生かして人にアドバイスをすることもあったので、心身の健康を取り戻すことができました。

けれど、苦しんできた霊能系よりも現実的で確かなものを！　と思って専攻した法律の勉強のことは、まったく好きになれませんでした。

それでも、スピリチュアルみたいなよくわからない世界で仕事をするなんて私的にはまったくナシだと思ってたので、就職も法律系を生かせるようなベンチャー企業を選択。今考えると、その道に行かないほうが良いっていうのは薄々感じてはいたし、そう知らせてくれる出来事も要所要所であったんですけれど、全部無視していました。

ところが、就職先の企業は、仕事がめちゃくちゃきつくプレッシャーが半端ないところで、限界まで働いているうちに、一時は良くなっていた喘息とアトピーが再発してしまったんです。

夜遅くまで働いて、疲れて寝たいのに咳と痒みで眠れない毎日を送っているうちに、体調は悪くなる一方。気持ちもどんどん追い詰められていきました。

今考えると、自分自身が持っている霊的な能力を否定し、閉じ込めて何も感じないようにすればするほど、状況が悪いほうへ悪いほうへと進んでいったんですよね。

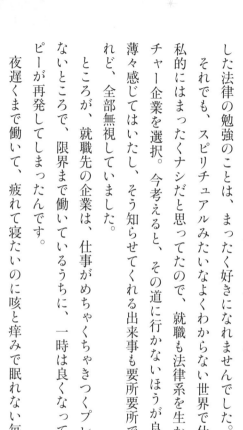

そうやって結局、身も心もボロボロになって、どうしようもないところまで追い詰められたその時でした。ある霊的な存在に言われたんです。「今までの逆をやったらどうだ？」って。

その存在とは、私を幼い頃から見守ってくれていた白龍さんでした。

龍からのメッセージで180度方向転換！

実は私はそれまでの人生で、何度か白龍さんを目撃していました。

初めて見たのは幼稚園の頃、神社に行ったその日のこと。帰宅して窓の外を見たら、白いひげの生えたおじいさんのようなシルエットが白い雲とともに大きく空に広がって、私を優しく見ててくれたんです。

その後すぐにいいことがあったので、あのおじいさんがプレゼントをくれたんだ、って思いました。子どもだったから、てっきりプレゼントをくれる白いひげの優しいおじいさん＝サンタさんだ、と思い込んでたけれど、大きくなってだんだん白い龍なんだってことがわかってきました。

その時、白龍さんが現れてくれたのは「神社に行くことはあなたにとって正解だよ。よく行ったね！」と教えるサインだったのです。

ただ、龍の存在を見るといっても、脳に龍の形のフィルターみたいなものがはっきりと浮かんでくる感じ。肉眼で実物を見るわけではないので、私以外には見えず、もちろん親を含め誰にも信じてもらえませんでした。

それでも、白龍さんは私に転機が訪れる度に姿を現してくれました。

白龍さんが現れるのは、いつも私が前向きに何かやろうとしている時や、やった直後。まるで「その道で合ってるんだよ」とか、「よく頑張ってるね」と肯定してくれるような感じです。

逆にネガティブなことばっかり考えている時は、全然現れませんでした。

ある時、極限まで自己否定して「自分って本当にダメな人間だ。こんな自分は生きる価値なんてないんだ」と落ち込むだけ落ち込んだ末に、突然「いや、人間はみんな生きてるだけで素晴らしいんだ。私も素晴らしいし周りの人も素晴らしいんだ」ってひらめいたことがあったんです。

その時も白龍さんが現れて、「そうだよ、その通りなんだよ」というように微笑んでくれました。

後にスピリチュアルな道を歩むようになり、今までの不思議な現象を体系立てて考えてみると、その白龍さんは私の指導霊さんだってことがわかってきました。

だけど、幼い頃から霊にはいつも嫌な目に遭わされてばっかりだった私は、すっかりやさぐれちゃっていて、人のことを見守ってくれる守護霊とか指導霊といった存在がすぐには信じられませんでした。だから話しかけられても、「これは悪い霊が化けているだけかもしれないぞ、騙されるもんか！」って聞く気ゼロ。

でも「今までの逆をやってみたらどうだ」と言われた時には、すっかり『人生詰んでる』状態だったから、その白龍さんのメッセージをよく聞いてみました。もう、賭けですよね（笑）。

すると、白龍さんが「うまくいかない時は、うまくいく流れと逆の方向に行ってるんだ。だから、今やっていることを全部裏返してみればいいんだ」と言っているのだということがわかり、すごく心に響いたのです。

「なるほど、確かに今の方向のまま行ってもどうせうまくいくとも思えない。だったら逆にしたほうがワンチャンあるんじゃない？」と素直になれて。

その時私は「もうこれからはこの白龍さんに指導してもらうんだ」って決め、アドバイスをちゃんと聞くことにしました。

そして今までの人生でしてきたことをやめ、逆にそれまでナシ寄りのナシでしょ！　と思っていた、「怖い」ことを全部やることにしたんです。

当時仕事はもう続けられなくなって辞めてたんだけれど、働かないっていう選択肢が私の中になかったので、すぐに再就職するつもりでした。でももう転職活動はやめて、働かないことに決めたんです。そうすると「お金がなくなったらどうしよう」って心配になってくるんですけれど、心配することもストップ。

人に頼るのが苦手で、全部自分で何とかしようとしてた遠慮癖をやめ、人にも頼りまくる。予定をびっしり入れて出かけることもやめて、家に引きこもる。

今まで当たり前のようにちゃんと朝早く決まった時間に起き、きちんとした服を着てお化粧して出かける習慣もやめ、好きな時に起きて好きな時に寝ながら、一日中スウェットを着て家で過ごす。

意味のあることは何もせずに、毎日だらだらしながら好きなゲーム三昧……などなど、それまで「ちゃんとした生き方」をしようと思っていた自分にとっては、タブーだったことばかりやりまくりました。

それと、運動は苦手で大嫌いで全然やらなかったから、ジムに通ってトレーニングしまくりました。そして何より、思春期以来ずっと避けてきたスピリチュアルなことも全部解禁！　表に出さなかった霊能力を全開にして、スピリチュアルカウンセラーとしての活動をスタートさせたんです。

その頃の私にとっては、霊能力を使ってお金を頂くとか、目に見えない世界のことを仕事にするなんて絶対ありえないこと。だから始めるには相当の覚悟が要りました。

龍のおかげでみるみる人生がうまくいき始めた！

こうして、いざ龍のアドバイス通り行動してみると、私の人生は１８０度マックスで変わっちゃいました！

驚くくらい何もかもが順調に進み始めるようになったんです。マジでこれは体感すると「夢かな？」と思うレベルです。スピリチュアルカウンセラーの仕事は、宣伝も何もしてないのに口コミとブログだけでお客さんがどんどん増えて、すぐにそれだけで食べていけるようになりました。

しかも抑えていたスピリチュアルな能力を解禁して、ストレスのない生活をするようになると、ジム通いも功を奏して心身ともに健康に。

そうこうしてるうちに、今の夫と出会い、結婚することになりました。マイペースで一人が好きな私は、結婚願望がまったくなかったんですが、いざしてみたら結構幸せで、結婚して良かったと思ってます。

ただ、結婚後は引っ越すことになり、対面式でのカウンセリングの仕事ができなくなって、それまでのお客さんを失うことになってしまいました。

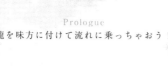

おまけに引っ越し先は人口の少なさで日本一を争うほどの地方で、新規のクライアントの開拓にも無理があります。

けどそれもＩＴ化社会に向けてのいい機会だ、ととらえて、電話やメールでの遠隔相談に切り替えるようにしました。最初はできるか不安でしたが、「万が一できなかったら返金すればいいじゃん！」ぐらいのノリで勇気を出してやったんです。

いざやってみると、連絡を受け取ったとたんに、クライアントさんを見守ってくれる霊的な存在が、待ち構えたように「この人にこういうことを言ってやってくれ」って必ずものすごい勢いでメッセージを伝えてくれるんです。

それを相手に伝えると、「まったくその通りです。どうしてわかるんですか！」ってリアクションされることばかりで、心配しなくても一番必要なアドバイスができ、以前にもましてクライアントさんが来てくれるように。だから、心配する前にまずやるって大事だなと実感しました。

そして2019年2月、YouTubeでの動画配信を本格的にスタートさせると、あれよあれよという間に登録者数が増えていって、2020年9月にはメインチャンネルの登録者数が10万人以上に。

今ではYouTubeや講演活動に専念するため、個人相談の仕事は中止していますが、動画を通してさらに多くの方に今一番必要なメッセージや、癒やしのエネルギーを届けることができてます。

あまりに勢いが良すぎて自分でも「マジ？」って思うこともありますが、それもこれも、龍が私の味方をしてくれるおかげなんですね。

とくに、人間を指導してくれるさまざまなタイプの龍神様のうち、私を指導してくれてるのは白龍さん。多くの人にとって有益な情報があれば、それを大きく広げることに長けてる龍です。

白龍さんの力をもってすれば、突然ＳＮＳでバズったり、ガンガン評価されたりするなんてお手のものなんですよね。もちろん、それはあくまでその時代や人々の幸せなど、必要な流れに沿ったメッセージだからこそ応援されるのですけれど。

龍が味方に付くと例外なく運が好転！

私だけではなく、今まで相談に来てくれたクライアントさんたちの中にも、龍を味方に付けて大きく運を好転させた方が何人もいます。

年齢も性別も職業もバラバラで、それぞれ状況は違うんですが、大体次のよ

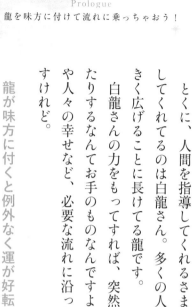

うなプロセスを経ることが多い印象です。

✦人に任せることができず、一人で頑張りすぎて限界を迎えていた人が、龍の作ってくれる流れを信じて物事を人に任せるようになったら、仕事や家庭がうまく回り始めた

✦自分の個性が他人に受け入れられなくて悩み、自分を変えようとしては失敗し、負のスパイラルにはまっていた人が、自分らしく歩み始めたところ、龍の作る流れに乗って人生が順調にいき始めた

✦本当はやりたいことがあるのに、周りの人に気を使ってしまって抑え込んでいるうちに苦しくなっていた人が、思い切ってやりたい道に進み始めたところ、龍の応援でとんとん拍子にうまくいくようになった

中には、もともと龍のほうは応援しようとしていたのに、本人が拒否して進むべき方向から逸れてしまい、こじらせて私のところにいらっしゃる方も少なくありません。

ところがそんな方も、龍の応援を受けると決め自分の道を歩み始めると、驚くほど突然流れが変わって必ず幸せに生きられるようになるんです！

会社を興して大成功したり、仕事も恋愛も全部驚くほどうまくいき始めたりした、なんていうパターンも珍しくありません。

基本的に龍は、自分の個性を生かしてダイナミックに好きなことをしている人が大好きで、その才能で自分も周りも幸せにできるよう応援しています。

だから自分を好きになって、流れを龍に任せながら思い切って自分が行きたい方向に進むと、誰でもうまくいくようになるんです！

新しい時代の波に乗せてくれる役割も持つ

とくにこれからやってくる時代の大きな変化にも、龍の後押しをもらうと、すごく楽に対応していくことができます。

2020年から2022年ぐらいまでは一番激動の時代で、一極集中型から二極化、さらに多極化へと目まぐるしく時代が変化していくんですね。

多極化の時代は、今とは比べ物にならないくらい山のようにたくさんの選択肢が現れ、人の生き方がますます千差万別になっていきます。

誰もが自分の個性を生かして好きな道を進めるようになる反面、他人に合わせて自分を殺しながら生きてる人や、違う個性の人をジャッジしたり常識や正義をふりかざして批判したりするような人は、どんどん苦しくなっていきます。

それはまったく不自然なことではなく、今までの時代は人の物理的な移動も価値観もすべてがどんどん一極に集中し、偏りすぎていただけのこと。

ある意味、そのほうが正解がわかりやすくて、魂の修行的には楽な段階だったのかもしれません。

けれど、このままでは世の中が行き詰まってしまい、限界が来てしまうので、自然と全体がどんどんばらけるほうへと方向転換し、均衡を取ろうとしているだけなんです。


実はその流れを作っているのが龍神さんたち。

高気圧の場所と低気圧の場所があると風が吹いたり、高いところと低いところがあると水が流れたりして均衡を保つように、地球のバランスを取るために龍神さんたちが目に見えないエネルギーの流れを作ってくれているんです。

しかも、川の流れも高低差が大きなところではものすごく速く、激しくなるように今まで世の中が極端に一極集中型に傾いていた分、これから多極化へ向かう期間が、私たちにはめちゃくちゃ激動の時期に感じられるかもしれません。

でもその大きな変化の波にも、龍神さんたちの性質を自分の中に取り入れていくことにより、うまく乗っていくことができるんです。

多極化に向けて自分の個性を出して生きようとする人は、時代の変化のスピードに合わせて、今後、恐ろしいくらい変わっていきます。私がある意味でその証明になっていると思います。

自分の想像力のほうが追いつかないっていうくらい、望んだことが実現していきますし、ありえないくらいの幸運に恵まれたりもしますよ。

例えば本書で紹介する龍が味方してくれるワークをちょっとやって、本当の自分がわかっただけで、倍率何千倍の求人に受かったとか、年収が何百倍になった、なんてことも普通に起こるかも。

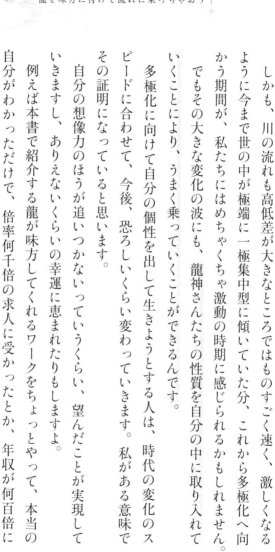

龍の力で自分の感覚が取り戻せる

それと、今までたくさんの情報に振り回されて自分を見失いがちだった人が、これから龍のサポートで自分らしく生きられるようになると、日常生活もすごく改善されていきます。

例えば、自分に合った食事が何なのか、いつ食べるのがベストなのかがわかります。

今は「この食品が健康にいい」「これは身体に悪い」というような情報が簡単に手に入ります。しかし、どれを食べていいのかわからなくなったり、自分に合わない食事をしていたりした人も、「自分にはお肉は必要なかった」とか「糖質オフが良いと思ったけど私にはお米が必要だった」などと気が付くようになるはず。

今まで「一日三食決まった時間に食べないといけない」と思って食べていたらお腹の調子が悪かった、なんて人が先入観にとらわれずに食べたい時に食べるようになったら、何だかお腹がスッキリしてきたとか。

ついつい今までの習慣で甘いものを食べていた人が、「やっぱり私には甘いものは必要なかった」と思えるようになるとか。

辛いものに刺激を求めていた人が「やっぱり私の胃腸には負担だ」とわかるようになる、なんてこともよく起こるようになるでしょう。

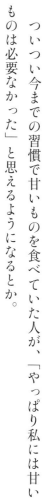

他の生活習慣でも、自分に必要な睡眠時間や寝る時間、起きる時間がわかるようになったりしますし、「いつも外に出ていたけど、案外自分は家の中でも楽しめるな」とか「運動は苦手だと思ってたけど、ヨガは好きかも」とわかったりして、自分に合った行動パターンが取れるようになります。
その結果、無理なダイエットをしなくても適正な体重になったり、健康になったりしますよ。
片付けなども、いらないものはもう遠い昔の世界のもののように感じたりして、「これは私には合わないものだ」とか「今の自分に必要なものだ」というのがよくわかり、楽にものを減らせて、快適に暮らせるようになります。
また人間関係でも、自分に合う人と合わない人がわかるようになり、例えば

「何だか違和感がある」という人がいて距離を置いたら、その人が陰で悪いことをしていた、なんてことも。それに、ありのままの自分を隠さずに、無理せず人付き合いを楽しめるようになったりします。

逆にこれまでの習慣や常識にとらわれて自分の感覚を見失ったままだと、例えば食事を取りすぎて太ってしまったり、本当は合っていない食べ物を食べてアレルギーが悪化したり、最終的には老廃物がたまって病気になることもあるかもしれません。

他にも本当は疲れていて休みが必要なのに働きすぎたり、人間関係で無理して人に合わせているうちにストレスがたまったりして、やはり身体を壊してしまうこともありそう。だからこそ、ぜひ龍の力を借りて、多極化の流れに乗り、自分の感覚を取り戻してほしいんです。

きっと心身ともに健康になって、いい感じで毎日楽しく生きていけるようになりますよ！

Chapter 1

聖なるパワーをいただく七龍との交信

誰でも龍を味方に付けられる！

「じゃあ一体、どうしたら龍を味方に付けられるの？」って話を今からしますね。そもそも、龍が味方するとはどういう状況だと思いますか？

人間には誰でも、その人を守りサポートしてくれる霊的な存在が付いていています。いわゆる守護霊さんですね。

中でも人それぞれが特技や才能を生かし、自分らしく生きるために、支援し、指導してくれる存在がいて、それを指導霊といいます。

指導霊は、大まかな性質の違いによっていくつかの種類に分類できます。例えば天狗、天狐、七福神系、そして本書で解説している龍神です。

龍が味方してくれる、というのは、その龍神タイプの指導霊の指導を受けるということ。

指導霊は、人間がその一生を通して自分の魂を成長させられるよう、必要な経験を与えてくれたり、自分の進むべき道を歩めるように導いてくれたりします。

その人の人生の歩みをずっと見て、「こうしたらいいよ」「そっちじゃないよ」と教えてくれてるんですね。

人それぞれが持つ性格、才能、好きなことといった個性は、その人が自分の進むべき道を歩むために最適にできていて、うまく個性を生かせるとスムーズに歩いていけます。その個性を生かせるように気づかせてくれて、自信を持ちなさい、と教えてくれるのも指導霊さんなんです。

指導霊さんのメッセージって、誰もが無意識にキャッチしてるんですよ。

ピンとくる、嫌な感じがする、ワクワクするというように感じることもあるし、進んだ道がどうしてもうまくいかなかったり、逆にすべてスムーズにいったりすることで教えてくれる時もあります。

でも本人が気が付かなくても、指導霊はあきらめずに、どんな相手にも根気よく答えを投げかけてくれるんです。

その龍タイプの指導霊にも、社交的な龍から自己探求が好きな龍までさまざまな種類があるんですが、指導を受けやすい人は、おおむね次のような性質が共通しています。

✦一匹狼で、自由が好き
✦団体行動や規則が嫌い
✦スケールが大きいことが好き
✦打算では動けない不器用タイプ
✦孤立しがちだがあまり気にしない
✦自分は自分、他人は他人だと思える
✦大らかだが、こだわりの部分だけ頑固
✦変化に対してはわりと柔軟
✦海、川、滝など流れの激しい水が好き

これが自分の性格にあてはまる、という人は、もともと龍が指導霊として付いている可能性が十分アリです。
「全然自分はこんな性格じゃないな〜」という人は、メインに付いてる指導霊が違うタイプかもしれません。自分にどの指導霊が付いているか知りたい方は、私のYouTubeに解説動画をアップしているので、『指導霊診断』と検索してみて下さい。

でも、自分が龍のタイプじゃないからって、「自分は龍に味方してもらえないんだ」って諦めるのはちょっと待って。人には誰でもメインの指導霊が付いてるんですけれど、他にも別の指導霊が必要に応じてサポートしてくれることがよくあるんですよ。それはずっと長い間付いていることもあるし、ほんの一時だけのこともあります。メインが切り替わることもあります。

もともとメインの指導霊が龍タイプじゃないのに、今は龍の勢いが必要だ、なんて場合に龍が味方してくれることだって珍しくありません。それだけ龍って私たちにとって身近な存在なんですね。

だからメインの指導霊として龍が付いてなくても、龍が好き、龍が何となく気になる、龍の力を借りたい、など、龍に関心を持っている人だったら必要な時にちゃんと龍が指導してくれる可能性は大です。

反対にもともと龍が付いているのに、その個性を生かそうとしないと龍が何もできなくて、つながりが弱くなってしまうことも多々あります。

基本的に龍っていうのは「勢いで進んで波に乗っちゃえば、結果的に一番楽だし効率がいいじゃん！」ってタイプ。

流れや動きを作ってくれるので、新しい何かを始めたいとか、勢いに乗りたい時には、どんどん龍の力を借りちゃいましょう！

個性的な七龍たち

基本的に人を導く龍には七つの種類があります。詳しいことは次章から説明していきますが、それぞれ次のような特徴があります。

白龍

人間関係を良くしてくれる。自分から周りにエネルギーを広げていく性質がある。穏やかで寛容、器が広い。個々を束ね、まとめる力がある。雰囲気作りが得意。経験から学べるよう、温かく見守る。自分を大事にしないことにだけは一番厳しい。

黒龍

とことん自分の世界を追求し、才能を開花させてくれる。周りのエネルギーを自分の中に集約させることができ、寡黙で信念があり、本質を極める。無限に広がる漆黒の宇宙空間のイメージ。

金龍

新たなチャレンジをする時や思い切って行動する時に力になってくれる。新しいもの好きで、勇気と実行力がある。熱くてがむしゃら。わりとせっかちで人情派。

銀龍

地域開発や地元に根差した活動を応援し、生活環境を整えてくれる。地に足を着けた落ち着いたタイプで、土地を司り、地域を守る。聡明で義理堅い。わりと具体的指示をしがち。

青龍

心身に不要なものをデトックスし、浄化してくれる。穢《けが》れがなく、清潔好きで、性格も嘘がつけない。美しくないこと、整ってないこと、下品なことは嫌い。

朱龍

諦めずに好きなことを続けられるよう手助けをしてくれる。迷いを断ち切り、折れない心を作る。情熱的で、信念を持っている。嫌味のない優しさと強さがある。魅力的だけれど媚びない。ささやかでも心豊かにするものが大好き。

虹龍

多極化の時代に自分らしさを失わず、輝きながら生きていけるよう力を貸してくれる。偏見や先入観なく自分も他人も受け入れることができ、ファンタジーの妖精みたいに屈託がなく変幻自在。ちょっと空気が読めないタイプ。希望、勇気、冒険、ワクワクすることが大好き。その反面、気が多い。

さらに、各龍のイメージを紋章にしたカードを巻末につけています。一覧をP47に載せますので、デザインを見てみてください。

何となく自分にもあてはまるとか、ピンときた紋章があれば、今あなたの指導霊として付いているのかもしれません。

龍神様の司るもの・性格・特徴

白龍
司るもの：人間関係　性格：包容力があり、ひょうきん
特徴：穏やかで、時にお茶目なおじいちゃんのような存在。周りにエネルギーを広げ、人間関係を良くしてくれる。
パワーストーン：ホワイトラビットヘアルチルクォーツ等

黒龍
司るもの：才能　性格：寡黙でゴーイングマイウェイ
特徴：周りのエネルギーを自分の中に集め、とことん自分の世界を追求するタイプ。才能を開花させることに長けている。
パワーストーン：オブシディアン、天眼石、ギベオン等

金龍
司るもの：行動力・勇気　性格：やんちゃで人情派
特徴：新しいもの好きで勇気と実行力があり、新たなチャレンジをする時や思い切って行動する時に力になってくれる。
パワーストーン：ゴールドルチルクォーツ、タイガーアイ等

銀龍
司るもの：土地・環境　性格：義理堅く聡明
特徴：冷静沈着で、土地を司り地域を守っている。地域開発や地元に根差した活動を応援し、生活環境を整えてくれる。
パワーストーン：シルバールチルクォーツ、イーグルアイ等

青龍
司るもの：浄化　性格：神経質で潔癖
特徴：曲がったことが大嫌い。清潔を好み、性格も嘘がつけない生真面目なタイプ。心身を浄化してくれる。
パワーストーン：クリアクォーツ、アパタイト等

朱龍
司るもの：直感力・情熱　性格：孤高で媚びない
特徴：情熱的で強い信念を持つ。人の心にある迷いを断ち切り、くじけず好きなことを続けられる強さを与えてくれる。
パワーストーン：インカローズ、ロードナイト、ガーネット等

虹龍
司るもの：個性　性格：無邪気で変幻自在
特徴：偏見や先入観なくすべてを受け入れる性質を持つ。多極化の時代に自分らしく輝きながら生きる力を授けてくれる。
パワーストーン：ホワイトラブラドライト、オパール等

また、それぞれの龍の得意分野に応じて、「今の自分はこういう能力がほしい」とか「これからこの龍に味方してほしい」と思った時に力を借りることだって可能です。

例えば自分が何でも新しいことにトライしたいタイプだったら、金龍さんを味方に付ければ、何かの道で先駆者になれるかもしれないし、職場でリーダーになったけれど誰もついてきてくれない、なんて時だったら、白龍さんに力になってもらえば、メンバーをまとめることができるかも。

状況に応じて、複数の龍の力を借りることも全然ＯＫ。私も小さい頃から指導してくれてる白龍さんだけじゃなく、他の龍さんに味方になってもらうことがあります。例えばスピリチュアルカウンセラーとして勇気を出していろんなことにトライしよう！　と思っていると、金龍さんが要所要所で現れてくれて、「よし、行け！　やるしかねーだろ！」って後押ししてくれます。

各龍に味方してもらう方法や、出会える場所なども次章以降で紹介していますので、ぜひ参考にしてみてください。

七つの龍の紋章

龍からのお知らせをキャッチしよう

よく「私には霊感がないから、本当に龍が付いてくれてるかどうかなんてわからない」って言われるんですけど、大丈夫！「現れたらサインを出してね」と頼めば、きっと龍は応えてくれます。

「何となく龍の気配を感じる」とか「あの模様が龍に見える」「龍の文字や言葉をよく目にする・耳にする」なんてことがあれば、それは龍からのサインだと思ってください。

クライアントさんでも、「龍がいる気がした」とか「何となく龍の形をした雲を見た」って時から、急に運気が大きく好転したっていう人はたくさんいます。

それと、龍は気象を楽々使いこなす存在。大雨が降る、蜃気楼が出る、突風が吹く、というように、気象現象で知らせてくれることも多いですよ。

よくあるのが龍の形の雲を作って見せてくれること。それっぽい雲を見たら「龍に見えるけど気のせいじゃないか」とか思わずに、龍が味方してくれてるサインだと思いましょう！

雨を降らせて知らせてくれることもあります。急に雨が降ってくる、自分がいる場所だけ降ってくる、なんてこともありますよ。

虹龍さんだったらやはり虹を出してくれることも。

例外は金龍さん。金龍さんはわりとエネルギッシュでせっかちなんです。「わざわざ雨降らせてから進めるなんて面倒だな。一度でやっちまえ」ってタイプなので、あんまり雨は降らせません。晴れた空に金色の筋を出したり、めちゃくちゃ太い龍神雲を出したりすることもありますが、自分で行動したくなるように、本人の気持ちや状況を直接動かすこともありがち。

やたら金色が気になるとか、急に何かやりたくてそわそわするとか、突然珍しい人から連絡があって仕事のオファーを受けた、なんてこともありますよ。

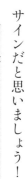

龍がよくいる場所に行ってみると、存在が身近に感じられることも。神社などもいいですが、自然豊かな場所、スッキリとしてきれいな町並みなど、自分が何となく心地よく感じるところに行くのがおすすめです。

いずれにしても、龍はポジティブな存在なので、自分から行動しようとしている時ほど、肯定のサインを送ってくれることが多いでしょう。

でもよくわからなくたって大丈夫。龍の力を借りるって決めた人のことは必ず味方してくれるので、信じて前向きに歩んでいきましょう！

龍を信じ、従う

わかりやすいサインがほしかったら、龍にオーダーを出しておくのもいいですよ。

私も最近、とある計画を進めていく中で、古民家を探してたんですが、その時に「今回の目的にふさわしい場所があったら、気象現象か何かではっきり教えてほしい」って龍に頼んでおいたんです。

そうしたら、夫とある物件を見た時、それまでまったく雨が降りそうな天気じゃなかったのに、雨戸を開けた瞬間に急に雨が降ってきたんです。「もしかして、これが答えってこと？」って思ったとたん、その雨がピタッと止みました。

でもいろんな条件がそろわなくて、「駐車場が狭いよね」とか、「場所が不便だよね」なんて話してたら、今度はまるで「ここだって言ってるのに」と怒ったみたいに叩きつけるような大雨が。

その雨もまたさっと止んで、外に出たらとてもいい眺めが広がっていて、なんと向かいの山には白龍さんと黒龍さんがリアル双龍みたいな形で姿を現したんです！「こんなにちゃんとサインをもらったなら、もうここに決めるしかないんじゃない？」って夫と話して、その場で契約しました(笑)。

さらにその直後、地域の神社に行ったら、私の参拝中だけまた突然の大雨とともに龍神様が出現！　その一部始終は私のＹｏｕＴｕｂｅのサブチャンネル「霊能者もっちー」でも公開しています。

そんなふうに、わかりやすく教えてほしいと頼んでおくと、はっきりと表してくれることが多いと思います。

ただ、龍との関係はお互いの信頼がとっても大事です。

一度出したオーダーは取りやめられない、っていうのは肝に銘じておいたほうがいいかも。ミーハーな軽い気持ちでオーダーしてしまうのはＮＧです。

例えば「仕事を辞めたいんだけど、辞めてもいいか教えてほしい」と願った時に、「辞めても大丈夫だよ！」って龍が教えてくれた場合。もし思い切って辞めたなら、きっとその後は龍が作ってくれる流れに乗ってうまくいくと思います。

でも「やっぱり辞めたらその先が不安だし」なんて考えて辞めなかったら、龍は「残念だな、この人は教えてもやらないのかぁ」って、つながりが薄れてしまうんです。

つまりお願いして答えをもらったら、それを信じて思い切って行動しないと、次のチャンスはなかなかやってこないのです。

時々、龍の言うことを聞かないとバチが当たるんだと勘違いしている人がいますが、そういうわけじゃないんです。自分が龍の話を聞かないほうを選んだことで、龍ももうこれ以上は指導ができない。だからスムーズに物事が運ばない、というだけの話。

龍＝流れのエネルギーに乗らなければ、流れず、スムーズに動かなくなるのは当たり前ですよね。龍は無理に押し付けるってことはしないんです。

だからオーダーする時は、自分と龍を信頼して、そのアドバイスを受け入れ、実行する覚悟を持ちましょう。できれば即決がベストです。

あなたが本気で「流れを変えるんだ」とか、「龍の指導を受けるんだ」と決意したのなら、龍はあなたを信頼して、あなたのために必ず働いてくれます。

自分でやれるだけのことをやる

それから、龍に味方してほしいなら、頼む前にちゃんと自分でやれるだけのことをやる、というのも大切なこと。龍神さんはとにかく面倒くさがり屋なので、自分で何もしない人を一から助けるようなことは苦手です。

そんな人が他力本願で「龍神さん、何とかしてよ」って頼ってきたら間違いなく呆れられてしまいます。

逆に、自分は精一杯のことをやったけどダメだった、もうこれ以上できない、というような状況だったら、「ダメじゃないよ、あなたがやれることは、よくやった。よし！　どうにもならないところは、こっちが流れをコーディネートしよう」って感じで応援してくれるんです。

また、自分でこうしようと決めたけど誰かの後押しがほしいとか、自分であれこれ考えたけどどうしても答えが導き出せない、というような時に、龍に助けてもらって最終的な結論を出すのもOK。

例えば就職活動で、内定をもらった会社の中で3社に絞ったけど、それ以上はどれだけ考えても結論が出ない、なんて状況があったとします。

それって自分で頑張って考えて3社まで絞ったわけだから、もうそれ以上選べないなら龍に委ねてしまっていいんです。きっと龍が最善の道を示してくれますよ。

例えば、3社のうち1社で実は面接中に大雨だったな、と思い出したり、なぜか他の2社が時流の影響で新規採用を取りやめた！　なんてことまでありえたりするのです。

一度動き出したものを流れに乗せるのは龍の得意技。だから自分で動かなかったらなかなか0から1にはしてもらえないけど、自分で1にしたなら、龍の後押しで、びっくりするぐらい2、3へと早く動くことだってあるんです。

まずは行動！　考えるのはそれから

けれど、龍って動きだけじゃなく頭の回転も速くて、いろんなことを考えられるという特徴も持っています。そのために龍が味方をしようとしている人って、やる前にあれこれ考えすぎちゃって動けない、ってことも多いんですね。「やってみて失敗したらどうしよう、損したらどうしよう、安定を捨てたくない、それにこんなデメリットがあるし……」なんてまだ起きていないことを考えすぎちゃったり。面倒くさがりな面もあるので、「会社を作りたいけど、手続きが大変そうだし、お金だって借りなきゃいけないし、書類書くのやだなー……」というように、やる前にクリアしなきゃいけない条件をいろいろ思い浮かべちゃって、結局面倒になって行動しないことも。

でも、考えてばっかりで行動できないでいると、龍が「いつまで立ち止まってんだ。せっかく流れが来ているのに乗らないのかよ」って呆れてどこかに行っちゃうこともあるんです。そうやって、目の前に来た波を見逃してしまい、成功が遠のいてしまうようなもったいないケースも時々目にします。

そんなあれこれ考えてしまって動けない人への龍からのメッセージがあります。

それは、「馬鹿になれ」。

つまり、どれだけ頭を巡らせてみても、今から何が起こるかなんて誰にもわからないんだから、そんなことを考えるのは後回しにしといて、まずは頭を空っぽにして波に乗っちゃえ、ってこと。

考えるのは一歩を踏み出した後にしましょう。やってみないとわからないことだってあるし、後がない、切羽詰まった状態のほうが真剣に考えるから、いいアイデアも出たりしますよね。だから動く前に考えるより、動きながら考えたほうが効率がいいんです。

例えば、「今の仕事は向いてないから辞めよう」って自分の心が決まっていたら、まず辞めるという一歩を踏み出したほうが、仕事を続けながら転職活動するよりも、ずっと効率的に新しい仕事を探せる、なんてことも。

「もう行動することに決めた！」っていう人は、龍にうまくいくコツを教えてもらうつもりで動きながら考えていけば、きっといいアイデアも浮かびますよ！　そして今まではありえなかったようなご縁や道も見えてくるのです。

ブレない志を持ち続ける

それから、龍は志のある人が好き。

「世の中を良くしたい！」とか、「自分だけじゃなく周りも幸せにしたい！」というように、広い視野で社会全体のことを考えられる人をよく応援してくれます。

お金がほしいとか、良い人に出会いたい、時間がほしい、なんていう欲求ももちろんあっていいんですけれど、それが自分だけのためなのか、それとも周りの人にも分け与えたいからなのか、最終的にどこを目指してるかで、龍の応援の度合いが全然違ってくるんです。

理想の社会に向けて活動するにはお金がこれくらい必要だとか、これくらいの土地がほしい、なんて場合だったらすぐ手に入るかもしれないし、人に健康になる方法を教えたいからまず自分が健康になりたいとか、人を幸せにするためにまず自分が幸せになろうといった考えなら、実現しやすくなるはず。

私自身、人それぞれ自分の得意なことをして苦手なことをやめたほうが幸せに生きられるし、それで絶対に世の中が成り立つはずだって思ってるから、みんながやりたいことを楽しめる社会を作りたいんです。

本気の理念で活動してるから、ＹｏｕＴｕｂｅにしても何にしても、龍が後押ししてくれるんですね。

もともと龍が指導霊に付いている人は、戦争のない平和な世界の実現とか、飢餓のない豊かな世の中を作りたいとか、殺処分されるペットを世界中でゼロにしたいとか、大きなことを考えるのが好き。

もし今そんなこと考えてないとしたら、子どもの頃は本気でそう思ってたのに周りの大人から「そんな夢みたいなこと言って」って言われたり、現実の厳しさを知っていつしか諦めていたのかも。小さな頃を振り返って、本当の自分が何を望んでいたか思い出してみるといいですよ。

反対に、最初は志があって龍に支援されても、いざ成功したとたんにそれを忘れ、多くの人への支援も忘れ、「自分だけの力でここまで来たんだ」と威張ったり、マウント取るようになったりしたら危険です。

「自分だけが偉いのだ！」「自分だけの力だ！」「自分だけの富だ！」と思えばそれは「せき止め」であり「停止」です。龍とは流れであり循環を司るので、そうなると龍の背からあっという間に落ちてしまうんですよね。

どちらかというと、龍の支援を受ければ成功するのはわりと簡単なはず。それよりも、成功した後に持続するのが難しいんです。

成功してからも龍の支援を受け続けるには「循環」を意識しているかどうか、が分かれ道かもしれませんね。

自分も龍も八百万の神

よく「龍につながりたくていろいろ実践したけど、いまいちつながれない」というお悩みを聞くんですが、そういう人に多いのが、「私みたいな人間はダメだから相手にされないかも」と無意識に思っているパターン。

自分を卑下して「すごい龍とダメな私」というような意識でいると、なかなか龍とはつながれないんです。本当は人間もそうだし、この世にあるものはみんな、唯一無二の素晴らしい存在です。

八百万の神という言葉の通り、すべての存在には内なる神がいて、愛があるんです。それを「真我《しんが》」ともいいます。

私が「自分を好きになろう」とか「自分を認めよう」と常々言っているのはなぜかというと、みんなが真我に目覚め、本来の自分が神的な存在で、この宇宙になくてはならない大切なものなんだと思える世の中になってほしいから。

私も小さい頃から霊的な能力のおかげで、自分が他人と違ってヤバい人間だと思っていたし、親からも褒められたことがなくて自分が大嫌いだった。

でもある時鏡を見てみるとまるで神様のように光り輝いて見えて、「自分はダメな存在なんかじゃない、自分は神なんだ、生命ってそれだけで美しいんだ」と気づく奇跡的な体験をしたんですね。

この時から、自分のことを肯定できるようになり、愛することができるようになったんです。そして、自分に対して絶対的な自信がついて、何があっても傷つかないし、いつも幸せで満たされた気分でいられるようになりました。

もちろん、すぐに完璧に揺るがなくなったわけではなく、何度もつい忘れそうになる時もあったけれど、そのたびに思い直し、徐々に徐々に思い癖や自分はダメだって設定が変わっていったわけです。

まず自分を愛せればそれがあふれて人が愛せるし、自分が幸せだと、周りの人のおかげなんだと心から感謝できて、人を幸せにしようって思えるんです。

私もよく幼少期に大人から「感謝しなさい！」と叱られてましたけれど、自分が本当に幸せなら感謝せざるを得ません。言われなくても今では感謝しまくりですよ（笑）！

シャンパンタワーと同じです。まず自分を満たさないと他には流れていかないけれど、自分が満たされるとしだいにグラスが満杯になって、勝手にどんどん他のところに流れていくんです。龍も私たちにそうやって愛を循環させてほしいから、自分を好きで大切にしている人に味方していきます。

だから思い上がりではなく、自分も神様だと思ってみて下さい。龍神さんも神様だけど、私も神様でお互い様、一つの流れに向かって神様同士で協力し合ってるんだよ、っていう意識でいてほしい。

義務感での行動は龍を遠ざける

「自分を大切にする」ということに関連して、もう一つ注意してほしいことがあります。それは、この本で紹介している龍につながるワークも、自分が苦しかったり、辛かったりしたら、決して無理に義務感でやらない、ということ。

以前、私のクライアントさんにこんなことがありました。その女性は、とてもきれい好きで、青龍さんが付いているタイプの人でした。

彼女は、最初「家がきれいだと気持ちがいいな」と思っていつも掃除や片付けをしていたんですが、何かで「きれいにしないと運気が下がる」という情報を知ってから、だんだん「汚いのは絶対ダメ」「運気を上げたいならあそこも、ここもやらなきゃ」「丁寧に水拭きしないと意味がない」と強迫観念で掃除をするようになっていったんです。

さらに子どもができて、時間をかけて丁寧に掃除したところをすぐにぐちゃぐちゃに散らかされたり、汚されたりするようになると、「なんでせっかくきれいにしたのにすぐに汚すの」といつもイライラしながら掃除するように。

人にもついつい当たってしまって人間関係は悪くなるし、体力的にも大変で、開運どころか辛くなる一方になり、私に相談してくれました。

そこで、家を見せていただくと、確かに見た目はとてもきれいなのに、イライラの気がそこら中に充満しているのを感じ、さらに、青龍さんが以前は通ってくれていたはずなのに、どこかにいなくなってしまったのもわかったんです。

龍は人に自分の好きなこと、ワクワクすることを突き詰めていってほしいと思っているから、嫌々やっていたら味方にはなってくれないし、いくら開運にいい方法でも逆に運が逃げていくことだってあるんですよ。

だからあくまで自分が良い気分でいられるかどうかを優先してください。

楽しくないことは、思い切ってできる人に任せてもＯＫ。そのために必要なお金など、条件は必ずそろいます。

何事も循環ですから、あなたが得意で楽しいことをしていれば、苦手なことは誰かに頼れるようになって、それが社会貢献となっていくものです。

自分に合う龍を選ぼう

ここまでの話で、どうすれば龍に指導してもらえるかわかってもらえたでしょうか。

次章からは、目的別・タイプ別に龍の特徴や、味方してもらうためのワークや心がけ、出会える場所などを紹介していきます。

つながりたい龍、力を借りたい龍がいたら、その性質に真似できそうなところがあれば自分を寄せていくのもいいし、味方になってもらうための方法やワークを実践したり、出会えそうな場所に行って龍のエネルギーを感じたりするのもアリです。

また巻末の紋章をはさみで切り取って部屋に飾ったり、お財布や手帳などに入れてお守りみたいに持ち歩いたりすると、より強く各龍にリンクできますよ！

それぞれ龍の個性があるので、その時その時でどれか選び、その龍に特化してOK。

どれから実践していいのか迷ったら、次のような感覚を基準に決めてみて。

- 自分が今極めたいテーマがある
- とても悩んでいて解決したい問題がある
- この龍をぜひ味方につけたい！　って思う
- 何となくその章を読んでワクワクする
- 「これだ」ってピンとくる、何となく直感でわかる
- その龍にすごく興味がわく
- 何となくこの龍が好きだな〜とか、憧れるな〜と思う
- 自分の性格に一番合ってる、自分がその龍に似てる気がする

大事なのは「自分はこれを最初にやりたい」と思ったら、正解かどうかわからなくてもまずやってみて、「流れが来てるな」と思ったらその流れに乗ってみること。

龍は実存する生き物ではなく流れのエネルギーなので、私たちが知ってる龍っぽい形の雲を作ったりしてサインを送ってくれることはありますが、はっきり私たちがわかるようなイメージを見せてくれることはまれ。

本当に思ったことが合ってるのかとか、どんなメッセージを伝えようとしてくれるのかなど、どれも自分の感覚で決めるしかありません。

「気のせいじゃないか」「もし間違って失敗したらどうしよう」と躊躇してなかなか決められない、なんていうのは龍神さん的ではありません。せっかく来た流れはあれよあれよと通りすぎて、乗り時を失ってしまうのです。

幸運の波に乗りたいなら、勇気を持って自分を信じ、自分が選んだ龍を信じて実践していきましょう！

Chapter 2

世界を広げ、人間関係を良好にしてくれる白龍さん

人間関係を円滑にし、リーダーシップをより発揮させる力を持つ

包容力があり、実はひょうきんなキャラ！

白龍さんは龍の中でも一番老成しているタイプ。すべてが「大丈夫」だと安心させてくれる包容力があり、器が広く、大らかです。

神社の天井に、強いけれど優しそうで怖くない龍の絵が描かれていたら、それは白龍さんかも。

人をまとめることや、雰囲気作りも得意。いつもにこやかで、ウィットに富み、わざとふざけたり面白いことをしたりして、周りを笑わせてくれるような余裕があります。意外にひょうきん者なのかもしれませんね。

人間でいったら、優しくて楽しい、おじいちゃんのイメージです。

白龍さんは、自分で何かにトライして、自分で学ぶことができるように、人を見守り、応援しています。

人が自分を大事にできてるかどうかには一番厳しくて、「自分はダメな人間だ」なんて思ってる人には「もっと自信を持ちなさい！」と激励します。

また白龍さんは、宇宙創世時のインフレーションみたいに、緊張をゆるめてどんどんエネルギーを外へ外へと膨張させていく性質の持ち主。そのために、ものを見る時の視野を広く拡大させることも得意です。

スピリチュアルな分野では今、人類が次元上昇しているといわれていますが、それは人間が今の三次元の狭い世界だけじゃなくて、もっと高い次元の広い視点で物事を見られるようになるということを意味しています。

メタ認知なんて言葉もあるように、高い視点で自分を客観的に見て、どんな状況なのか把握するのが問題解決のカギになるんですね。

私たちが自分だけの狭い世界を超えて、視野を広げ、みんなで楽に生きられる社会が作れるように、白龍さんが手助けしてくれてるんですよ。

好かれる人の特徴は、自然とリーダーになっちゃうタイプ

白龍さんが味方に付いている人は、決して偉そうに上に立ったり、他人に無理強いをしたりしないのに、自分が輪の中心にいるだけで大きな流れを作っていく力のある人です。

潜在的に影響力を持っていて、自分から周りに幸せを広げていけるため、自然と人が集まってきます。各方面のインフルエンサーとして活躍する人も多いでしょう。

芸能人でも、強く自己主張するわけでもなく、肩の力を抜いて楽しんでいるだけで、人に好かれて長く人気を得ているタイプの人がいますよね。そんな人には白龍さんが付いていることが少なくないんです。

また、何もないところから大きく物事を広げたり、時代の先を読んだりすることができ、人をたくさん集めたりすることもできるので、起業家として成功する人にも多く付いていています。

パナソニックの創設者の松下幸之助さんは「これから電気の時代が来る」と読んで会社を興していますし、ソフトバンクグループを立ち上げた孫《そん》 正義《まさよし》さんはIT化の流れに完全に乗って大成功していますよね。

二人とも白龍さん的な個性を生かし、人材を上手に活用したり、人には真似できないユニークなことをしたりして会社を拡大させています。

龍は流れの中心にいる人のエネルギーに合わせて会社などの組織も応援するので、伸びている会社に白龍さんが付くこともあるんです。

私も小さい頃、ナショナル（パナソニックの旧ブランド名）のコマーシャルを見て、すごく大きなエネルギーのうねりを感じ、「この会社すごっ！」って圧倒されてました。

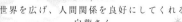

人間関係の悩みが消え、人生が驚くほどうまくいく！

人から好かれ、苦労せずとも支持が集まる

もともと白龍さんが付いている人でなくても、白龍さんが応援してくれるようになると、器が大きくなり、優しくなれるので、人から好かれるようになります。

自分にも他人にも広い心で接することができるようになり、嫌な人も許せて、他人とうまく付き合えるようになるでしょう。人からの批判やクレームなど、人間関係のトラブルも減っていくはず。

失敗してもそれを次への一歩だと前向きにとらえられるようになるし、成功しても謙虚でいられるので、その態度がさらに好感を呼びます。

味方してくれる人や協力者が増えるので、自分一人で成し遂げられない目標や夢も実現するようになります。経営者だったらいい人材が集まったり、プロジェクトのリーダーだったらメンバーをまとめたりすることができるようになるかも。

仕事に限らずサークル活動やPTA、ボランティア活動などで人を集めるのが難しい状況の時も、必要な人材が引き寄せられてきますよ。

また人をハッピーにするような考え、体験や知恵をインターネットなどで公表していくと、フォロワーが増えたり、シェアされて広く拡散されたりするようになります。

もっと人間関係を良くしたいとか、人の力がほしいと思ったら、ぜひ力を借りたい龍です。

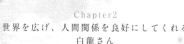

格好つけずに行動することが成功の近道

白龍さんの後押しを受ければ、普通なら格好悪いと思うことや、失敗を恐れてできないこともできるようになり、必要ならばポン！　と物事が簡単に運んだりします。

孫 正義さんがまさにそうで、高校生の時に当時日本マクドナルド社長だった藤田 田《でん》さんの本を読んで感動し、アポもないのに何度も何度も会社を訪問したというエピソードは有名です。

その結果、ついに藤田さんとの面会にこぎ付け、「これからはコンピューターの時代だからアメリカでコンピューターを勉強しなさい」と助言をもらいそれを信じて実行。これがインターネット関係の仕事を始めるきっかけだったとか。

またアメリカ留学時代に州知事にまで掛け合って、学校で認められていなかった辞書を持ち込んで試験をパスした、という逸話もあります。既成概念を打ち砕き、新しい流れを作るような行動ですよね。

孫さんの場合、時々ネットで炎上したりしながらも、失言や失敗を恐れずにどんどん発言し行動に移すことで、うまく流れを作っているわけです。

そんなふうに時代の流れを読み、流れに沿いつつ、自分の信念のまま思い切った行動をすることで、白龍さんが味方に付き、うまく流れに乗り続けられるようになるんですよ。

人に身を委ね、協力し合ったら仕事も結婚も順風満帆に！

私がカウンセリングしていた頃のクライアントさんにも、白龍さんの応援でうまくいくようになった方がいらっしゃいます。

あるクライアントさんは、もともと何でも自分で努力して頑張る女性で、人に頼るのが苦手なタイプ。

美容室を経営していたんですが、よく人とケンカしたりして孤立することが多くて、恋愛もうまくいかず、朝から晩まで身を粉にして働いて、ついには病気にもなって、悩んで私のところに相談に来られました。

彼女にもとから付いていた指導霊は龍タイプではなかったんですが、ある時「初めて龍神の雲を見た気がします」と教えてくれたんです。

私は彼女に白龍さんが味方に付いたのがわかり、「もう少し人を信用したり、流れに任せたりしてみたら、っていうのが白龍さんからのメッセージだよ」と伝えたところ、彼女はそれを日々心がけるようになりました。

すると間もなく素敵な男性と出会い、結婚。旦那さんになった相手は、彼女の苦手なことが得意なタイプだったので、お互いに協力して足りない部分を補い合いながら、今では幸せな結婚生活を送っていらっしゃいます。

仕事も人に任せられなくて一人でやってしまう性格だったのが、今ではスタッフと一緒に協力しながら進められるようになったことで、時間にも余裕ができ、仕事も楽しくできるようになったんです。

さらに、それまで自分の技術力に見合わない安い価格設定で、数をこなすことで頑張って稼ごうとしていたために大変だったんですが、思い切って実力相応の金額に値上げしたそう。

するとそれまでいっぱいいっぱいだったのが嘘のように、体力的にも精神的にも余裕ができて、収入も上がったそうです。

白龍さんが味方する前とはガラッと変わって、幸せな日々を送ることができ、今では「あんなに意地になって一人で頑張ろうとしてたのは何だったんだろう」と言っています。

白龍さんが味方するスペシャルワーク

物事を俯瞰し、マインドをチェンジ！

基本的に龍さんたちに味方してほしい時、力を借りたい時は、龍が好む行動を取ったり、マインドを変えてみたりと、龍の持つ特徴に自分を寄せていくのがコツ。

白龍さんの場合だと、なんといっても一番大事なのは、木ではなくて森を見るように、高いところから俯瞰する練習をすることです。

高次の自分の視点で自分を見ていくという感覚ですが、難しかったら、「神様や白龍さんが空の上から私を見てるとしたらどう見えるだろう？」と想像してみてもいいです。

高次の視点、あるいは神様の視点で見て、自分がいつも同じような問題に直面したり、似たようなトラブルに巻き込まれたりすることがわかったら、自分の中にある何かがその状況を引き寄せていることに気づけるかも。

例えば、旦那さんが家事育児をまったくしてくれなくて、「もう最悪、私はこんなに大変なのに、なんでこんな人と結婚しちゃったんだろ」と思う時があったとします。

そんな場合、まずは視点を上げて今の状況を「ああ、私は怒ってるんだ」と客観視します。それができたら「あ、私は今怒ってる自分を見てる」とちょっと自分を俯瞰できてる自分を見てみるんです。

そうやってどんどん視点を広くしているうちに、「なぜか付き合う男がいつもこんな相手ばっかりだった」と気が付いて、「そういえば私は、子どもの頃から家の手伝いをすると親に褒められたし、しないと叱られていた。だから今でも、愛されなくなるのが怖くて自分でばかりやっていたのかも」と、自分の思いの癖に気づけるかもしれません。

あるいは「じゃあ、なんで旦那はやらないのか」と旦那さんのほうにも意識を向けてみることができて、旦那さんが仕事のことで頭がいっぱいで家のことを考える余裕がないとわかり、「私も旦那の状況に気づけなかったな」と思えるかも。

そこで「じゃあ自分で先にやらずに、まず旦那に具体的にお願いしてみればいいのかも」と思いついて、実際にやってみたら旦那さんが「今までは手伝いたい気持ちはあっても、家事は慣れてないし何をやっていいかわからなかった。これからは言ってくれたらやってみるよ」と答えてくれたりして、問題が解決したりするんです。

他にも、付き合う相手が変わってもいつも浮気されてしまうのだったら、高次視点で見た時に自分自身が「どうせ私は魅力がないから浮気をされてしまうんだ」と思っているのがわかり、「子どもの頃から親に他の子と比べられ、お前はダメな人間だと言われてきて、そう思い込んでいた」と気づくこともあるでしょう。

また、なぜかいつも自分だけお店でひどいサービスを受けて、怒ってばかりいるんだったら、高次視点で見ることで「どうせ自分は大切にされないんだ、自分は後回しな人なんだ」と思い込んでいるのがわかって、「本当は子どもの頃、自分のことを大事にしてくれない親に怒りたかったんだ」と気づくかもしれません。そのようにして何となく根本的な原因が浮かんできたら、その瞬間に問題の9割は解決します。

残りの1割で「そうか、可哀そうだったね。これからは自分で自分を大切にしていこう。そして本当に大切にしてくれる人と出会っていこう」というように自分を癒やすことができたら、もう10割解消してしまうんですよ。

実際に高次の視点で自分を見られるようになって、誰と付き合ってもDVに遭っていたのに、そうされなくなった、いつも人のミスでひどい目に遭っていたのにそれがなくなった、というように、驚くほど状況が変わった人はたくさんいます。

つまりは自分の中にある「設定」が現状を引き寄せていたということなんですね。

高次の視点で見る時のポイントは、なぜかとても感情が揺れ動くような場面がないか見つけること。

例えば「あの人超ムカつく」と思った時、視点を上げていくうちに「もしかして自分も同じことしてる？」とふと思いついたとしましょう。

その瞬間痛いところを突かれたような気がして、「いやいや、そんなわけない。悪いのは絶対あいつだし」と必死で否定したくなったとしたら、実はそこに原因が隠れてることが多いんです。

他人の問題を探る時も同じで、相手に「もしかしてこうなんじゃない」と伝えてみた時に、すごく怒ったり、気持ちが揺れていたりする様子が見られたら、それがカギになってる可能性大です。おそらくそこを見ていくと根本原因が見つかるでしょう。

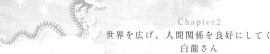

ただ必ずしも答えが探し当てられなくても、それはそれでOK。すぐにはわからないのは当たり前です。白龍さんの指導を受けるためには、視野を広げるトレーニングを続けていくこと自体が大事なんです。

「こんな可能性もある」と想定していって、実際にそれをやってみて成功すればいいし、正解がわからなかったり、失敗したりしたとしても、視点を上げる良いトレーニングになったと思えばいいんです。

訓練を続けていくうちに、白龍さんが視野を広げるお手伝いをしてくれるようになって、視野の広がりが加速していくので、だんだん正解もわかるようになっていきますよ。

高次の視点で見るタイミングも、問題があったらすぐその場でできればベストですが、慣れるまではなかなか難しいかもしれないので、一日、一週間と経って冷静になってからでもＯＫです。

感情的になったこと、怒ったり泣いたりハッピーになれなかったりしたことがあったら、一度メモをしてみるのもおすすめ。

記録すると過去に同じようなことがなかったか振り返ったり、原因を想定したりするのが容易になります。だからまず自分のできそうな方法からスタートして、一つ一つ見逃さず検証していってみて。

感情が揺れた時こそ笑顔を忘れない

実際に高次の視点で見ることができるようになると、どんなピンチもそれを乗り越えて成長するチャンスだとわかり、すべての経験を楽しむことができるようになります。

白龍さんはいつもニコニコ微笑んでいる龍ですが、それは高次の視点で見ると、すべてのことが微笑みや笑顔の対象になってしまうから。

いったん白龍さんのように視野を広げるために、何かあった時にまずは笑ってみるのも効果的です。

何が楽しいんだかわからなくても、とりあえず笑顔を作ってみるとか、「私どんだけイライラしてんだよ！　必死かっ！」って突っ込みながら笑ってみるとか。「楽しい」とか、「ま、いっか」と心の中で言うのもアリ。

最初は「そんなのできないよ」と思うかもしれませんが、騙されたと思って1回やってみて。龍神さんは基本的に行動する人に付くので、何事もチャレンジ！　です。

そうやってプラスの言葉を口にするうちに緊張がゆるんできて、「たいていのことは何とかなるんだから、それを信じて楽しんじゃおう」っていうように。そのうち、気持ちに余裕が出てきます。

するとその隙間に白龍さんのサポートが流れ込んできて、本当に解決するアイデアが浮かんだり、思わぬ人からの手助けがあったりと、意外と何とかなったりするんですよ。

実際、成功し続けているリーダーには、問題が起きた時につい笑っちゃって、そしたら解決策が飛び込んできたりして物事がうまく回り始めた、なんて人もよくいます。

問題が起きたその時に笑うのが無理なら、後で冷静になった時に笑ってみてもＯＫです。

感情がこもってないのに笑うのは、自分の心に嘘をつくことになるって思う人もいるんですが、そうではなくて、高次の自分は本当に喜んでいるので、そっちに視点を切り替えるというだけのことなんです。

「ばかばかしい行動」は白龍さんの大好物

笑うってことだけじゃなく、人から笑われるようなことをやってしまうのも、白龍さんに味方されるポイント。小さいことから始めてもＯＫなので、くだらないとかばかばかしいと思っていたり、恥ずかしかったりして普段の自分ならやれないことなどを、その場のノリでやってみて。

なにも路上でいきなり歌う、とか、好きな人の前で腹芸をやる、とかそんなハードなことはしなくていいんです。

最初は家族の前でちょっと恥ずかしいモノマネとか替え歌を披露するのでもいいし、普段は絶対着ない服を着てみるとか、楽器屋さんに行って全然興味のなかったギターを触らせてもらう、というのもアリ。

そんなことでも白龍さんが「お、なんだなんだ?」と目を止めてくれます。

「ばかばかしい行動」をあえてやれば、自分で作っていた自分の限界を超えられて、許容範囲が広くなります。

くだらないと思っていたことが、案外人に受け入れられて、人気を得たりすることもありますよ。

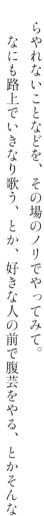

知らない土地への一人旅に挑戦

場所的にも行動的にも自分のテリトリーの外に出るという点で、旅もおすすめです。中でも一人旅は白龍さんに好かれる行動です。

とくに外国だったら、日本とはまったく異なる生活文化があることに気づけるし、今まで出会えなかったタイプの人と出会えたりしますよね。

電車がなかなか来ないとか、宿のブッキングがうまくいかない、お財布を盗まれた、体調を崩してしまった……などなど、予想外のトラブルに対応しなきゃいけないことも多いでしょう。

自分で何とかせざるを得ない状況に置かれて、今までできなかったことができるようになるかもしれないし、逆に自分だけでは何もできなくて、人を頼ることができるようになるかも。

そうやって自分の枠を外していくことにより、柔軟性が鍛えられ、人に対しても寛容になれるので、人付き合いが上手になっていくでしょう。

SNSで自分をさらけ出す

外へ広げるという点では、自分の考えや体験をどんどん外に向かって発信していくのもいいことです。最近はSNSなど誰でも気軽にアウトプットできる手段があるので、上手に利用してみて。

白龍さんが味方するタイプの人って、ついつい「自分なんて影響力がないのに」とか「こんな投稿はみんなに迷惑じゃないか」「バズったら大変じゃないか」とあれこれ心配したり変に遠慮してしまう人が多いんですけど、思い切って表現しちゃうのが正解。最初はフォロワーがいなくても気にしない！

ポイントは、一見ネガティブな体験とか、人に言ったら引かれるんじゃないかと思うようなことも含めて、格好つけずに自分を出していくこと。

正直に自分を出せば出すほど、共感してくれる人が増えて、あなたの考えがどんどん広がっていきますよ。

助けを借りる達人になる

自分一人の力だけではできないこともあるのを自覚して、他人を信用し、頼っていくことも大切です。

典型的なのが松下幸之助さんで、パナソニックが一代で大企業になったのは、自分が学校に通えなかった分、知識が豊富で優秀なブレーンたちを積極的に登用し、信頼して任せたことが原因だったと言っていますよね。

人って誰かに信頼してもらい、任せてもらうと、やる気がわいて実力を発揮できたりするんですよ。人を信じて任せることができれば、白龍さんも後押ししてくれて、他人からのサポートを得ることができるようになり、自分だけでは達成できない夢や目標が実現しやすくなるんです。

「こんなことを頼んで迷惑じゃないか」と遠慮しちゃう人も多いんですけど、まずは頼んでみましょう。意外と快くやってくれるかもしれませんよ。

さらに、人にやってもらうことで自然に感謝の気持ちがわいてきて、自分も快く他人に何かしてあげることができるようになり、みんなが気持ちよく協力し合う良い流れができて、その流れがどんどん大きくなっていくんです。

精一杯できることをして、流れを作っていくことができたら、あとは多少失敗してもいいという気持ちで、結果を天に委ねるということも大切。

思い切って委ねていくと、白龍さんが助けてくれるので結局何とかなるんです。

大変な場面に直面したら「龍神頼み」、これでいきましょう（笑）。

滝が浄化するイメージで苦手な人を克服！

どうしても苦手な人がいる場合に、白龍さんの力を借りて円滑にコミュニケーションができるようになる滝浄化法があります。

まず自分の後ろのほうに滝があり、水がザーッと流れてきて、その水とともに白龍さんが降りてくるイメージをしましょう。

そのイメージの中で、滝の水と一緒に白龍さんが自分の中に入り、身体を抜けていき、今度は対面する相手にも同じように入って抜けていきます。この動きによってすべての邪気・邪念が流されます。

次に、白龍さんが水とともに天に昇っていき、また滝の流れとともに降りてくるイメージをします。相手も自分と同じ流れの循環に入れてしまう感覚で、苦手な相手と対面している間にこれをずっと繰り返してみてください。

何もしない時とはまるで違い、まったく相手の嫌なところが気にならなかったり、逆に良いところを発見できたりするのがわかると思います。

苦手な人以外にも、新しいお客さんなど慣れていない人と会う時や、プレゼンのように多くの人に注目される時などにやると、相手との一体感が出てきてうまくいくようになります。

もし対面しながら滝浄化法をやるのが難しそうなら、あらかじめしておくのもアリです。

公共の場でキラキラをまく

白龍さんが幸せを周りに振りまくのを、真似してみましょう。

幸せのキラキラの粒を会う人会う人に渡したり、街中にまいたりしていくイメージをします。その時、会った人みんなに心の中で「みんな大丈夫だよ」「あなたは素晴らしい！」「この世で出会えてありがとう」などとポジティブな言葉をかけていきます。これなら毎日気軽にできますよね！

相手は見知らぬ人でも全然かまわないので、通勤に使う乗り物で会う人や、街中ですれ違う人にどんどんやってみて。周りが全部幸せであふれている感覚になれて、自分も気分が良くなるし、どんな人も肯定できるようになってきます。

そのうち出会い運も変わっていき、いい人とばかり会えるようになったり、幸運をもたらしてくれる相手と巡り会えたりもしますよ。

美しい宝石の力が高次への手助けをしてくれる

白龍の名の通り、白はもちろん紫色の宝石を身につけることをおすすめします。パワーストーンならホワイトラビットヘアルチルクォーツやアメジストが、龍のパワーをもらいやすいと思います。

滝のある場所で、早朝から昼間にかけて出現

白龍さんは滝にいることが多いので、力を借りたい時は滝に行くのもいいですよ。滝に行ったら、なるべく正面に10分以上いることを心がけて下さい。

もし近づけるようだったら、顔に水滴がかかるくらいの距離まで行ってみて、たくさんミストを浴びて。滝行などができる機会があれば挑戦してみてもいいですが、くれぐれも危険のないようにし、決して禁止されているところではやらないように。滝の近くに行くだけでも十分白龍さんに会えますよ。

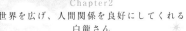

他にもミストがもくもくと煙みたいに出ているところがあったら、そこにも白龍さんがいる可能性があります。

空に姿を現すのは早朝から昼間が多いでしょう。その時間に空を眺めてみたら、全体的に白く曇っていたり、龍神に見える雲があったりするかも。自分の中で白龍さんの存在を感じられたら、そこにいると思ってしまってＯＫです。

Chapter 3

才能を引き出し、
世の中にインパクトを生む
黒龍さん

才能を引き出す天才で感性を高める力を持つ

個を追求する孤高の存在

黒龍さんは、白龍さんとまったく逆のベクトルを持っている龍。ブラックホールのように、無限の宇宙にあるものをどんどん自分の中に集めて、力を凝縮することができます。

自分から外へと意識を広げていく白龍さんとは反対に、外の世界から自分の中へと意識を集約させていく龍ともいえるでしょう。

人でいうなら、ゴーイングマイウェイな哲学者のイメージ。信念を持っていて、寡黙で眼光が鋭く、ヘラヘラ感ゼロ。私生活が謎で、年齢不詳、「性別ってなんだっけ？」というタイプです。

善悪をジャッジする感覚が一番なくて、その分流れに忠実に動くことも得意。真っ黒というより、漆黒の銀河を漂う宇宙エネルギーに近い感じです。

黒龍さんは、ブッダなどの修行者が瞑想を続けて悟りを開いたように、自分の内面をとことん探求することで、自分の中に宇宙の真理を見出すことができます。

自分の中にすべての世界があるという感覚を持っているので、世の中に起きる出来事を全部自分事としてとらえることもできるでしょう。

世界的にマインドフルネスとか瞑想がブームになっているのは、現代人に内面を追求する時間が求められている証拠です。

今のように情報量が多く、世界が目まぐるしく変わっていく時代では、人々もついつい振り回され、自分を見失いがち。

だからこそ黒龍さんの力を借りて、時には外側の情報をシャットアウトし、自分にフォーカスすることがとても大事なんです。

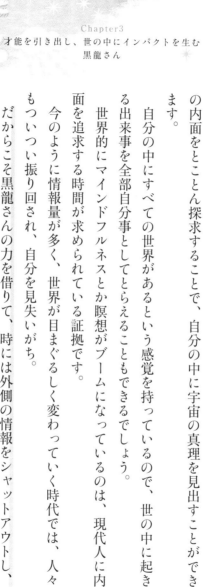

好かれる人の特徴は、こつこつ努力型のタイプ

黒龍さんが付いている人は、どこか浮世離れして、自分だけの独自の世界を持っているタイプ。

抜群の集中力があって、自分の興味がある世界を一人でこつこつ追求できます。

哲学者や修行している人、研究者にも多いですし、唯一無二の世界を表現できるので、芸術家にも向いています。実際に独自の世界観を打ち出して成功しているミュージシャンや作家などに黒龍さんが付いているケースも少なくありません。

自分の世界を邪魔されるのが苦手なので、人と関わるのはあまり好きではないかも。

また常に本音で生きていて、真理を鋭く突くことができるために、それが受け入れられない人が離れていくこともあるでしょう。

といっても自分と同じように他人にもその人独自の世界があることが理解できるので、他人を尊重でき、人にうるさく干渉したり、ジャッジしたりすることはありません。

社会的な成功にはあまり興味がなく、自分の好きなことに打ち込めればそれだけで満足と思っている人も。

プロモーション活動をするのも苦手ですが、自分の世界を極めて地道に作品を発表しているうちに、作品を広げるのに長けた人の協力を得たりして、やがて実力が認められるようになります。

独自の世界観を持ってはいても、中には人類に共通する真理が隠されているので、そこをうまく表現できると、他人の共感を得ることができて一大ブームを引き起こすこともあるんですよ。

あなたの隠れた才能がみるみる花開き、あふれ出す！

潜在能力を見出すことができ、天職のヒントが得られる

黒龍さんが味方してくれると、自分の世界にフォーカスでき、自分自身のことがはっきりわかるようになってきます。

なので「自分がわからない」「自分探しをしたい」という人であれば、自分がやりたかったことや、好きなこと、何が得意なのか、苦手なのかなどがよくわかるようになり、自分独自の才能を見出すことができるようになるでしょう。

幼少期に好きだったことに潜在能力が隠されていることも多く、黒龍さんが付いてくれたのを機に思い出すかも。

就職活動中や転職を考えている時は、どんな仕事がしたいのか、何が向いて

いるのかがわからなくて悩むこともありますよね。

また子育てが一段落したり、仕事をリタイアしたりした人なら、急に自分の時間ができたけれど、忙しかった日々にいつの間にか自分のやりたいことを忘れていた、なんてこともあるかも。

そんな時に黒龍さんに味方してもらって自分のことを探っていくと、本当に自分がやりたかったことが見えてくるはずです。

もし自分の才能や個性がわからなくなって悩んでいたら、ぜひ黒龍さんの力を借りて自分を再発見していきましょう。

人の意見に左右されず、自分の世界に没頭できる

黒龍さんが付いていると自分の世界に没頭できるので、創作活動をしたり、仕事や勉強に集中したりしたい時にもぴったりです。

自分の世界に浸っているうちに、誰も思いつかないような独自のアイデアを生み出すこともありますし、自分の中にある万人に共通する世界を表現できるようになって、創作活動が花開くこともあるでしょう。

もちろん精神的な修行や悟りの世界に興味があって、自分の内側を見つめ探求したい人なら、その道に集中することができます。

人に流されやすい、自分を主張できないといった悩みがある人が、黒龍さんに味方になってもらうのもアリです。

一人でも寂しさや孤独感を抱きにくくなり、人に好かれるために無理に合わせることがなくなって、自分への自信や尊厳を取り戻すことができるでしょう。

他の指導霊とのコラボで、大きな化学反応を生む

黒龍さんは人とのコミュニケーションや現実的なことはあまり向いていないので、最初のステップで黒龍さんの指導を得て個性や才能をとことん磨いたら、次はその方面に長けた指導霊を上手に味方に付けることがコツです。

自分の世界を周りに広めてくれる他のタイプの指導霊に別に付いてもらう、ってこともできますし、他のタイプの指導霊が付いている人に才能を見出してもらったり、応援してもらったりすることもできるんです。

黒龍さんタイプの人は、一時期自分の才能が誰にも理解されず、苦しむ時が

あるかもしれませんが、助けを求めていけば他の指導霊さんが必ず味方してくれます。それを信じて諦めないことが肝要です。

なお、黒龍さんは集団行動が苦手なお子さんに付いていることも多く、普通の学校生活には馴染めないことがあるかも。

そんな時は、別の指導霊タイプの親御さんや周りの人が支えてあげるのもいいでしょう。その子の才能を理解し、才能を伸ばしてあげることができるかもしれません。

個性を受け入れて恋愛成就⁉

クライアントのある男性は、黒龍さんタイプで、恋愛がなかなかうまくいかなくて苦労していました。

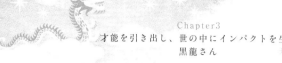

カウンセリングで話を聞いてみると、彼はどこからか得た情報で「モテる男性は女性に気を遣い、相手の気持ちを汲んであげたり、意見を尊重したりしているものだ」と思い込み、そういうタイプになろうとしていたんです。

でもなかなか女性の気持ちは摑めず、ついつい「これはこうに決まってるじゃん」などとズバリ言っては相手を傷つけてしまっていたようです。

人の気持ちを汲むのが苦手な性格のおかげで、他の人間関係もうまくいかなくて、孤立してしまい、真剣に悩まれていました。

そこで私は、「あなたには黒龍さんが付いてるんだから、社会的にそんなんじゃダメだって言われても気にせず、もうそれも自分の個性だといさぎよく認めて、逆に突き詰めていったほうがいいよ。そのままで愛してくれる人だってきっといるよ」とアドバイスしました。

以来彼は黒龍さんを意識し、私が言ったことを実践していきました。

すると、ある時相性がぴったり合う女性と出会えたんです。

その女性はどちらかというと人に決めてほしい、頼りたい、という彼と正反対のタイプ。でもその性格を苦手とする男性ばかりと出会っていて、やはり恋愛がうまくいかなくて悩んでいたんです。

男性のほうは出会った頃には黒龍さんタイプの自分を隠さず、ズバリ本質的なことを言うようになっていたので、女性にとってはそれで迷いがなくなったり、引っ張ってもらえたりするのがありがたかったようです。

例えば女性のほうが「あの人にこう言っちゃって嫌われちゃったかなー」と悩んでいたら、「その人に聞いてみなきゃわかんなくない？」と彼が答えて、「そうだよねえ、やっぱり聞いてみよう」と納得する、というように、お互いがしっくりきて、パズルのピースがはまるように話が進むんですね。

一方で彼女のほうは接客が得意。男性の不器用な部分は彼女がうまく補うことができたんです。それでお付き合いがすごくうまくいき、ついに結婚。実は彼女も私の元クライアントさんなのです。

二人とも自分の個性を受け入れて自分らしく生きることにした結果、無理せず一緒にいられる相手を見つけて、充実した人生を送れるようになったんです。

この男性のように、黒龍さんタイプの人は人付き合いがうまくいかなくて悩むこともあるかもしれません。でも無理に性格を変えようとせず、そのままの自分を生かしていくことが大事なんですよ！

黒龍さんが味方するスペシャルワーク

ネガティブポイントのリストを作る

一番初めにするといいのが、自分のネガティブポイントをとことん書き出していくこと。ネガティブポイントというのは主に次のようなことです。

- 自分の特性のうち、一般の常識からは良くないといわれることや、自分が欠点だと認識しているようなこと
例：「時間を守れない」「お金の管理ができない」「整理整頓が苦手」「忘れ物が多い」など

- 自分の特性で失敗したと感じたり、落ち込んだり傷ついたりしたこと
例：「思ったことをついストレートに言ってしまってすごく怒られた」「恋愛でいつも相手の気持ちがわからず振られる」など

人から褒められるようなポジティブポイントって、もともと苦手だったとしても、できるように努力したり心がけたりすることで、後天的に身に付けられることもありますよね。

けれどネガティブポイントは、わざと怒られようとしてやるわけではなくて、どれだけ傷ついたとしてもどうしても直せず、ついついやってしまうことばかりのはず。

実はそういうところにこそ、変えられない自分の個性が現れるんです。それらをリストアップしたら、できないことを改善しようとするのもいいんですが、今までどれだけ努力してもできなかったことなら、まずは受け入れてしまいましょう。

そのうえで、今度は一つ一つを掘り下げてみて。

忘れ物が多いなら、「じゃあ、なんで自分はいつも忘れ物しちゃうんだろう」と探っていき、「あの時お財布を忘れたのはなんでだっけ」とシチュエーションごとに振り返ってみるんです。

そうすると、「持っていこうと思ったんだけど、玄関にある自分の靴が気になったんだ。忘れ物するのは次々に興味が移っちゃうからだ」とわかって、最終的に「実はそれって、その場その場でいろんなことに気づけるということなんだ」というように自分の長所に気づけるんです。

このように、誰でも普通の人はできるのに自分ではできないことの中に、実は普通の人と違ってできることが隠されているんですよ。

だから欠点について直そうとばかりして、できないと「自分はダメ人間だ」と思ってしまうのはすごくもったいないこと！

裏返せば、必ずその人ならではの素敵な個性が出てくるので、ぜひ全部検証してみるのをおすすめします。

自分ができることに気が付いたら、その部分を生かしていく方法を見つけていって。「自分は他のことを忘れて一つに集中しちゃうので、集中力の必要な仕事がいい」というように、方法は必ず見つかります。

時間を守れないならなるべく時間を約束しなくてすむような環境で仕事をするとか、お金の計算や整理整頓ができなかったら外注するなど、欠点を直さなくてもいいように工夫するのもいいですね。

さらに忘れ物が多いなら周りの人に確認してもらうよう頼んだり、時間を守れないなら最初にお断りしておいたりするなど、自分ができないことを人にあらかじめ言っておけば、トラブルも未然に防げますし、案外人に受け入れてもらえることも多いですよ。

ネガティブポイントをリストアップして掘り下げる作業は大事なので、思い当たることがあったらぜひ一つ一つやってみて！　検証のための黒龍さん専用ノートを作ってもいいくらいです。

中には、自分の欠点を認めるのが難しいとか、傷ついた時にすぐに振り返れない、自分を直視できないということもあるかもしれません。

そんな場合は、少し経ってメンタルが安定している時に書けばＯＫです。

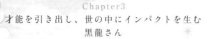

スキルを極めることに注力する

黒龍さんの応援で才能や特性を伸ばしたい時は、とにかく自分を極めていくことが大事。人目を気にしたり、他人に合わせようとしたりするのはやめましょう。　誰かと同居していても、意識して自分だけの時間を作るといいですよ。

〝ソロ活〟をするのもおすすめ。一人で飲みに行くとか、レジャー施設に行く人も今では珍しくないので、ぜひやってみて。

世間の流行りにあえて乗らないようにするのも一つの手です。自分のしていることが世間と離れていても気にせず、そのうち世間が自分に追いつくだろうという勢いで進んでいきましょう。きっと黒龍さんが味方してくれます。世間の物差しに合わせて、物事の良し悪しを簡単にジャッジしないことも大切です。

とかくこの世では光だけが大事なもののように思われがちですが、実際には闇もなくてはならないものですよね。それに気づければ、黒龍さんにぐっと近づけます。

一日に一度、頭を空っぽにしよう

黒龍さんが最終的に目指すのは、自己探求を極めていった先にある、無我とか悟りの状態です。そこまで到達しなくても、普段から思考を止めて頭を空っぽにする練習をしておくと、雑念がなくなって集中力が増します。

内観法、瞑想、マインドフルネス、座禅など、今ではいろいろと紹介されていますので、できる範囲で自分に合っているものを選んでやってみましょう。

創作活動や好きなことをする時間を作るのもいいですし、我を忘れて没頭できそうな作業をするのも効果的。昔からある方法では般若心経を唱える、写経するなどもいいですよ。

また、最近は真っ黒なシートを削ってカラフルな絵やキラキラ光るホログラムシートを見せていくスクラッチアート、曼荼羅のような模様を描いたり色を塗ったりしていくアートもありますが、それも黒龍さんにはぴったり。

市販のキットや本もたくさん出ているので、ぜひ取り入れてみてください。

高貴なブラックストーンでエネルギー倍増!

黒龍さんのパワーを倍増させるなら、身につけたり持ち歩くパワーストーンはオブシディアンや天眼石、ギベオンが良いですね。周りから受けたエネルギーをより高めてくれます。

洞窟や岩山など暗い場所で夜に出現

黒龍さんは昼間であれば暗いところによくいますし、夜の暗闇にもいます。よくいる場所は地底や洞穴、地層や地盤が顕《あらわ》になっているようなところ、山などです。洞窟の中や地下水脈のあるところ、岩山など、行ける場所があればぜひ行ってみましょう。

外の世界が見えにくく、音も入ってこないようなところで情報をシャットアウトし、自分の中を見つめてみるのもおすすめです。

Chapter

4

挑戦心に火をつけ、行動力や勇気を与える金龍さん

活力を与え、やる気をどんどん引き出す力を持つ

じっとしていられないくらい好奇心旺盛で思いつくまま動く性格

金龍さんは、スケールが大きくて、勢いがありパワフル。熱くて人情派で、せっかちでがむしゃら。行動力・実行力抜群な、完全にやる気の塊の龍です。新しいものや面白いものを好み、今まで誰も挑戦したことのないような分野にも果敢に向かっていく勇気を持っています。

「とにかく当たって砕けろ！」ってタイプなので、好奇心の赴くまま、先へ先へとガンガン前に出て進んでいき、周りをぐいぐいと引っ張っていきます。

その様子があまりに楽しそうなので、周りもついついつられて楽しくなってしまうでしょう。その分、カラッと乾いた金属みたいに、じめじめしていたり、

辛気くさかったりする雰囲気は大の苦手。龍タイプにしては珍しく、水気があるところが好きではなく、キラキラ輝く太陽が大好きです。

そんな金龍さんのエネルギーは、目まぐるしく変わる今の時代にぴったり。とくに日本では令和になってから、社会がどんどん新しく変わっていて、変化の波に乗れずに古い常識やシステムにとらわれている人や組織はだんだん苦しくなってきます。

新しい時代の流れに乗り、これからの世の中を楽しんでいきたいなら、ぜひとも金龍さんを味方に付けましょう！

好かれる人の特徴は、ド派手でチャレンジャーなタイプ

金龍さんが付いているのは、未知の世界にも臆さずに、何にでもどんどん挑戦していける人。全体的に龍が付いているタイプの人は、行動する前に考えすぎてしまい、動けなくなることがあるんですが、金龍さんタイプだけは別。あれこれ考える前にまず動いてみることができます。

みんなが思ってもみないことにチャレンジして、人をあっと驚かせるのも得

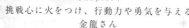

意。とにかく行動が派手で目立つ存在です。

よく知らないものに偏見を持ったり、わかったふりをして決め付けたりすることもありません。織田信長もこのタイプで、新しいものや珍しいものにも先入観を持たず、いち早く外国の技術を取り入れたり、豊臣秀吉のような下級侍も実力があれば積極的に登用したりと、良いと思ったものをどんどん取り入れて天下統一に生かしていきました。

そうやってどんどん新しいものを取り入れていくことができる反面、古い習慣やシステムに合わせることには苦痛を感じるかも。

新しい分野やベンチャー企業で働くのには向いていますが、伝統やしきたりを重んじるような分野では窮屈に感じることもあるでしょう。

最近は芸能界でも、新天地を求めてＹｏｕＴｕｂｅに活動の場を移して自分らしく発信したり、まったく新しい分野に挑戦したりして、業界の常識をどんどん変えているタレントさんもいますよね。その中にはしっかり金龍さんが付いてサポートしている人も少なくありません。

眠っていた願望がみるみるわき、パワーがみなぎる！

チャレンジすることが楽しくて仕方なくなる

環境や住居、人間関係が変わるなど、急激な変化や刺激が多すぎるとしんどい、と思って行動をためらう人もいるかもしれないのですが、金龍さんが味方してくれると、思い切って何かをやるだけの勇気が出て、行動力がマシマシになっていきます。

思いついたら勢いをつけてどんどん実行できるようになるので、チャンスを逃すようなことはなくなり、自分のところに来た波にしっかり乗れるようになるんです。

それにいい意味で楽天的になれるので、もし嫌なことがあったとしても、引きずることなく、すぐに気持ちを切り替えて次へと進むことができるようになります。

やりたいことがあるのに考えすぎてしまい、一歩を踏み出せない時にも背中を押してくれるので、金龍さんに結果はお任せしちゃいましょう。

「失敗したらどうしよう」と考えずに、勢いよく飛び込んでいくと、本当に何とかなるんですよ！

もし一度ではうまくいかなくて失敗したとしても、それを次のチャンスの時への学びだとポジティブにとらえられるので、楽しんでいるうちにいつか成功しちゃうんです。

自分が何をしていいのかわからない人は、まず黒龍さんに味方になってもらってやりたいことを見つけ、次に金龍さんに味方してもらって、それをやれるだけの実行力をつけるというのもアリです。

野生のカンが冴え渡り、直感が鋭くなる

令和になって変化のスピードがとても速くなり、今まで正しかった常識もど

んどん時代に合わなくなっていって、これまでのセオリーが通用しなくなってますよね。

その分今は自分のカンを頼りに、「これは嘘っぽい気がする」とか、「これは違和感がある」「この人はみんなには悪くいわれてるけど本当は信用できる人なんじゃないか」と自分で答えを出さないといけないし、しかも決めるスピードを速めることも大事になっているといえます。

そんな時に抜群の力を発揮するのが金龍さん。龍神さんに共通する考えとして、「人間の思考は脳の5%ぐらいしか使っていないし、わずかな経験の中で得た浅知恵なんてたかが知れてるのだから、考えるよりも一瞬の感覚が大事だ」というものがあり、その中でも金龍さんは私たちに閃きや直感を与えるのが得意なんです。

金龍さんにサポートしてもらえると、自分に合っていることが瞬時に選べて、即断即決ができるようになってきますよ。

もちろん年齢も関係なし。若い人なら柔軟に新しい変化に対応できるようになって、この先の長い人生をうまく生き抜いていけるようになります。

年を重ねるうちに今までの習慣を変えるのが面倒になってきた人であれば、変化をいとわずどんどん新しいことができるようになるので、若い頃の情熱を取り戻して人生を楽しむことができるでしょう。

エネルギーを取り戻し、収入が激増！

あるクライアントの男性は、金龍さんが付いていたんですが、出会った時はそのエネルギーが細くて小さく感じられました。

話してみるとその男性は30代で、家にはまだ小さいお子さんがいたために、どうしても家庭を思って活動をセーブしていたようなのです。

彼には、「本来持っている金龍さんのエネルギーが弱いのは、あなた自身が自分にかけている制限が原因だよ。家族のために貯金しなきゃいけない、家庭にお金入れなきゃいけないと思って、本当に目指したいことをまだまだセーブしてるんだね」と言いました。

すると彼は自分自身の作り出してしまっている枠に気づいて、スケールの大きな金龍さんの導きのまま行動することを決意。思い切って自分の設定を変え、やりたいことをどんどんやるようにしたところ、仲間も増え、以前より収入も激増したそうです。

その彼は今でも金龍さんらしく生きながら、まだまだ上を目指して活動されています。

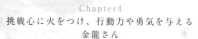

金龍さんが味方するスペシャルワーク

ミーハーになる!

ピンときたら、考える前にやるというのはどの龍でも大事なんですが、とくに金龍さんタイプには必要不可欠。

例えばYouTubeをやってみたいのだったら、「顔出しは抵抗あるな……」なんて思わず、「どうせ最初は誰も見ないんだから、顔が知られたら考えればいいや」ってくらいの気持ちでまずはやってみて。

最初の一歩を自分で踏み出すことで、金龍さんの後押しがどんどん得られるようになってきますよ！

中でもすごくいいのは、斬新なものや未知のものにトライすること。

白龍さんの場合は、自分が未経験のことをして枠を外す感じでしたが、金龍さんの場合はどちらかというと世の中的に新しいものが向いています。

だから新しい技術が出てきたらすぐに試したり、次はこれが流行るといわれたらいち早く取り入れたり、新しい遊びがあったら早速やってみたりするなどの行動が吉です。

大きなことでいきなり行動するのが難しかったら、スマホを新発売の機種に変更するとか、見たい映画があったら公開初日に行くようにするというように、小さなことからでＯＫ！

新しい建物や施設ができたらオープンと同時に行くとか、「日本初上陸！」のような他の人があまり体験したことがないことを体験するのも良さそう。

スマホが初登場したばかりの頃に「面白そう、試してみたい」とすぐに飛びつく人がいましたが、金龍さんの応援を受けたいならそれが大正解。「まだ技術的にも未熟だし高いし」とガラケーをねばって使うのは、申し訳ないですが金龍さん的にはナシです。

新しいものに飛びつくような行動って、とくに頭が良くて理論派の人にとっては、ミーハーで格好悪い感じがして、なかなかできないかもしれません。

でもそういう人ほどあえて計算してミーハーなことをやってみたり、何も考えずに飛び込んでみたほうが、波に乗れるようになっていきますよ。

なんなら、「どうせ少し経ったらどこでも買えるのに」とか言わずに、新発売の行列に並んだっていいくらいです。

旅行も新しく開発された地域や、冒険や探検のできる場所、周りの誰も行ったことがない国や地域、あまり観光客の行かない場所などに行ってみましょう。

例えば中央アジアの国で日本人観光客を誘致し始め、ビザ不要のツアーが始まった、なんてことがあればすぐに申し込んで正解です。

ゴールドをまとう

金龍さんは物質的にも金をとても好むので、力を貸してもらいたい時には素材が金のものを身に着けるのも効果的。

一番やってほしいのは、眉と眉の間の「第三の目」があるといわれる場所に、ちょっと金箔を貼ること。家にいる時でもいいし、外でやるならラメに見えるぐらい小さくすり潰して貼れば、変に見えませんよ。

私もそれをやるようになってから、金龍さんが味方してくれるようになり、カンが鋭くなったり行動力が出たりしました。

金の素材入りのアイテムを持ち歩くのも、もちろんアリ。実際に金素材のアクセサリーを身に着けている人に金龍さんが付いている場面をよく目にします。純金もしくは18金も実用的でおすすめですが、金の素材のものが手元にないという人は金色の装飾品を身に着けるだけでも違いますよ。パワーストーンならばタイガーアイやゴールドルチルクォーツを選びましょう。

また、髪を金髪にしている人にも金龍さんが味方していることがよくあります。年齢も幅広く、50代で金髪にしてから金龍さんが付いた、なんて人もいます。

ポジティブなパワーワードを叫ぶ

「よっしゃ———やるぞ!!」「絶対できる！」「面白い」「絶対叶えてみせる！」「みんなをハッピーにするぞ」といったポジティブな言葉も、金龍さんが吸い寄せられちゃうパワーワード。なるべく声に出して言ってみると、金龍さんの力を借りて自分を奮い立たせることができますよ！

とくに金龍さんは、スポ根マンガみたいな熱い感情とか情熱がめちゃくちゃ好き。具体的な言葉よりも、「お前はできる」のようなシンプルで感情的な言葉を使うのがおすすめ。

そのほうがポジティブな思いが強まって、周りにも伝播《でんぱ》していきます。

例えば「プレゼンで10人の了承を得るぞ」よりも、「俺のプレゼンでプロジェクトを波に乗せるぞ」と言ったほうが、金龍さんの熱量が周りに伝わって、プレゼンで成功しやすくなるでしょう。

水のないにぎやかな場所で、昼から夕方にかけ出現

金龍さんは人が大好きで、人を動かしたいタイプなので、にぎやかで栄えている都会のように、人の流れる場所によく現れます。

ただ街でないと出ない、というわけではなく、田舎のほうでも人里や家の集まっている集落などの上を循回しています。水はあまり好きではないので、出現するのは、カラッとした日当たりの良い場所が多いでしょう。

時間は昼から夕方の、太陽の力が一番強く日光がギラギラするぐらい照っている時間帯を好みます。

よく晴れた日の日中には空を眺めてみて。ビルの谷間で空が隠れてたってOK。光を反射して、輝くビルの間を悠々と巡回していることもありますよ。

Chapter 5
地域を活性化し、住み心地の良い環境を整える銀龍さん

どっしり土地に根差して環境を整え、暮らしを豊かにする力を持つ

人と場所とをつなぐ、クールで物静かな龍

銀龍さんは地球の環境や土地を司る龍です。地域に根差した意識を持ち、土地のエネルギーを大事にします。そして人と場所、環境を結び付け、その土地にいる人の繁栄や幸せを願ってくれます。

金龍さんと同じカラッとした性質がありますが、熱いのが大好きな金龍さんとは反対に、暑苦しいのが苦手で、涼し気。どんどん前に出ていく目立ちたがり屋な感じではなく、地に足を着けてじっくりとその場に佇み、いつも冷静で良い緊張感があるタイプです。

銀龍さんはスッキリと澄んだ空気を好み、ごちゃごちゃした場所は好きでは

ありません。神社の神主さんのように厳かで神聖な雰囲気を持つ、ある意味龍神として王道のタイプといえるでしょう。

堅実なため、他の龍よりもわりと具体的な指示をしてくれます。

今は地球規模での意識を持ちながら、地域に根差した行動をするグローカルな活動が注目されていますが、その流れを作っているのがこの銀龍さん。

日本ではとくに東日本大震災後、核家族化が進む中で災害などがあった時に助け合える住人同士の絆が注目されました。

これからの多極化の時代は、中央集権的なトップダウンの政治より、フラットな新しいタイプの地域の自治が大事になってくるともいわれています。そんな今の時代に必要とされる地域コミュニティ作りを銀龍さんが支えています。

また最近リモートワークが整備されて、地方でも仕事ができる人が増え、都市一極に集中するばかりだった人口が地方にまた分散し始めていますが、その流れを作ってくれているのも銀龍さん。

人々が地方の良さを再確認し、自分に合った場所でより快適に生活したり働いたりできるよう、サポートしてくれてるんですよ。

好かれる人の特徴は、地元愛が強いタイプ

銀龍さんが味方するのは、なんといっても自分のいる土地を愛し、もっと良くしたいと思っている人。そういう意識を持ちながら家を探したり住環境を整えたりしようとすると、銀龍さんが応援してくれて、理想的な住まいが実現します。

また地元を愛する人が不動産屋さんやデベロッパー、鉄道関係、インフラ整備といった土地や地域振興に関わる職業につくと、銀龍さんが味方してくれることがよくあります。

過疎化の進む地方の再生に関わり、独自の特色を打ち出して地域を活性化させているスーパー公務員などにも銀龍さんタイプが多いんです。

銀龍さんが付いている開発担当者や地元の有志たちが町おこしに関わることで、その場所で暮らす人たちの満足度が高まったり、観光客が多く訪れるようになったり、移住者が増えたりして、その地方が盛り上がっていくんですよ。

地域ぐるみで多くの人の協力が得られトラブルが減る！

住環境がみるみる改善され、福が舞い込む

銀龍さんが味方してくれると、土地や家にまつわること全般にいいことがあります。引っ越ししたい時や新しく家を買いたい時に、自分にとって田舎がいいか都会がいいか、太平洋側がいいか日本海側がいいか。

また、西日本がいいか東日本がいいかなどもわかり、心地よく暮らせる場所と出会えるようになります。

さらに、その土地に住むためのお金や仕事などの条件も揃ってきたり、引っ越し先に馴染んだりして、住環境を整えることができ、健康で楽しく暮らせるようになります。

旅行先を決める時でも、どの場所に行けばより楽しめるかがわかるようになるでしょう。

自宅だけでなく、オフィスの場所を探している時や、就職や転職を考えている時にも、仕事がはかどったり、商売がうまくいったりする場所を見つけることができますよ。

今のリモートワーク化の流れで、家で仕事をする人も増え、住む場所の選択が以前にもまして大事になっています。ぜひ銀龍さんにサポートしてもらって最適な場所を見つけましょう！

地域開発全般が勝手にうまくいく⁉

土地に根差した仕事をしている人にとっては、銀龍さんが付いてくれることでぐっと仕事がやりやすくなります。

不動産業者だったら良い土地の情報が得られたり、「このお客さんにはこの場所が合うだろう」というのがわかったりするかも。

実際に銀龍さんとつながっていたとある不動産業者さんは、「この土地がいいな」と思ったらちょうど空いて買収できたり、「この場所にこんな施設があったらいいな」と思ったら本当にそれが建ったりして、もう渡りに船だったんです。

地域開発に関わる人だったら、その場所に建てるのに最適な施設を思いつき、本当にその計画が実現できるようになったりします。

例えばショッピングセンターを建てる方向で動いているうちに、地元のお店の誘致に成功し、オープンしたら地元の人が来てくれて大盛況になる、というようなことがあるんです。

地域のインフラを整備する人や、町おこしに関わる人、特産品を開発している人、地域を守る警察官や消防団員、地方の議員なども、本当に地域のためを思って活動していると、協力してくれる人が増えたりして、仕事がうまくいくようになります。

中でも鉄道関係者と銀龍さんは相性が良いです。ある地方の鉄道会社では、観光誘致の活動の一環として特産品で駅弁を作ったところ、銀龍さんが味方してくれて、多くの人が電車を利用して観光に来てくれるようになったとか。

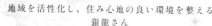

地域や部下の協力を得て、会社も波に乗れた！

ある銀龍さんタイプの男性は、地方を活性化する大プロジェクトを進める会社に社長として呼ばれ、そこで街の再興のために頑張っていました。けれどあまりに思い入れが強すぎて、だんだん楽しんでやることを忘れてしまい、部下たちに「そんなやり方じゃ古いよ」とか「これをやらないからダメなんだ」と正論ばかり押し付けるようになっていったんです。

結局その男性は、社内での反感が強まり、会社を追われることに。私が出会った時には、「俺が正しいはずなのに、うまくいかないなんておかしい」と悩んでいました。

見たところ、今まで味方してくれていた銀龍さんがどんどん離れていきそうな状態でした。

「せっかく地域を良くしたいと思ってるんだったら、もっと地域の人にも協力してもらわないと。いくら正しくても、誰もついてこれなかったら意味がないでしょ。人を巻き込んで流れを作らないと、自分一人じゃ何も実現しないんじゃないの？」という話をしたんです。

それを機に、男性が気持ちを新たにやり直そうと決めたところ、銀龍さんが空に出て泳いでいるのを何度も何度も目撃するようになったそうです。

間もなく転職すると、そこでまた社長に抜てきされ、今度は周りの人に仕事を任せることを覚え、自分は流れを作ることに徹したそう。

その会社も地域活性化に関わる事業をしていたんですが、海洋系の分野だったのも幸いして、土地に対してこだわりが強すぎた以前に比べていい意味で肩の力が抜けていったようです。

結果的に、銀龍さんが味方してくれるベストな働き方ができるようになった彼は、今では銀龍さんにしっかり付いていてもらっていて、会社もとてもうまくいっているそうです。

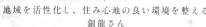

銀龍さんが味方するスペシャルワーク

住んでいる場所に愛着を持つ

銀龍さんに力になってもらいたいなら、なんといっても一番心がけたいのは、その土地を愛し、大事に思うこと。

そのために地域のお祭りなどの行事に参加したり、町おこし運動に関わってみたり、地元の清掃などのボランティアに参加してみたりするのも効果的です。

とくに土地や地域振興に関わる職業についている人が仕事を成功させたいなら、地元への愛情は欠かせません。銀龍さんは肩書きに応じて付くわけではないので、いくら偉い議員さんでも関係ないんです。

一般の人であれば、地域の活動などに参加しているうちにその場所に馴染みますし、愛着がわくようになって、より快適に暮らすことができるようになりますよ。

家の中を整理整頓し、いつでも龍が招ける状態にする

銀龍さんはとにかくごちゃごちゃしたところが大の苦手。散らかっているのは言語道断なのです。

家の中が片付いていないと入ってこれないので、日々の片付けや不要なものの処分などなど、家の中はなるべく整えて、いつでも招ける状態に保つのが大事です。

できるところからでいいので、読み終わった書籍や古くなった衣服、使わなくなった機器といったものは処分し、部屋を機能的に使いやすくしていきましょう。ちょこちょこ手をつければ、年末年始に大仕事にならずにすみます。

それと、忘れてはいけないのが、職場の自分のデスク回り。普段作業するデスクを軽く水拭きし、ついでに会社用のスマホも、サッとひと拭きしたいところ。

また、銀龍さんは神社の神聖な場所も大好きなので、参拝に行くのもグッド

ですし、宗教的に問題ないのであれば、家に神棚を置くとさらに良いですよ。

銀や涼し気なものを身に着ける

金龍さんに味方してもらいたい時に金を身に着けるのと同じ要領で、銀龍さんに味方してほしい時はシルバーのピアスやブレスレット、リングといったアクセサリーを身に着けてみましょう。その場合はなるべく純銀のものがおすすめ。シルバーのアクセサリーはすぐ酸化して黒ずむから、お手入れが大変……という方には、銀色のものであれば大丈夫。

涼し気で清潔感のあるデザインの小物（スマホケース、鞄やソックス、ペン、銀糸の刺繍が入ったハンカチなど身の回りのもの）は取り入れやすいのではないでしょうか。

また、ワンポイントだったり、アクセントとしてシルバーが入った洋服を身に着けてもOKですし、シルバーラメのシャーリングワンピースや艶感のあるシックなライトグレーのスラックスなど、普段着ない洋服に挑戦してみるのも良いです。

パワーストーンがお好みなら、イーグルアイやシルバールチルクォーツをチョイスしてください。

土地土地の雰囲気の違いを五感で感じてみる

銀龍さん的に推奨したいワークは、いろんな街に行ってみて、その雰囲気の違いを実際に肌で感じてみること。

街って都市計画をする時に「ここはこういう感じの街にしよう」と決めたわけでなくても、不思議とそれぞれの場所によって独自の味が出てきますよね。例えば東京なら、巣鴨はいつの間にかお年寄りで賑わうようになったり、新大久保には外国のお店が集まったりするようになっていて、行けば独特の雰囲気を醸し出してるのがよくわかると思います。なので、いつもは降りたことのない駅にも降りて、街歩きをしてみましょう。

原宿と渋谷に行ってみれば「原宿は若者の街だと思ったけど、明治神宮も近くて歴史的な雰囲気もあるし、何となくリッチな感じもする」「渋谷はもっと今っぽいし、人のエネルギーが強くて、隣なのに原宿と全然違う感じがする」

というように、違いを感じられるはず。

地方でも、隣同士の街でも実際に行ってみると意外と印象が全然違ったりしますよ。いくつも歩いているうちに、勘が養われて、「ここはこういう土地なんじゃないか」と予想できたりするようになります。

また、いろんな町に行った後に、自分に合っている場所・合わない場所の共通点を探ってみるのもすごくいいこと。

この街とこの街がいいなと思ったらどちらも小川が流れていたとか、たまま気になった神社がどれもご祭神が同じヤマトタケルノミコトだったとか。逆に嫌だなと思う場所はどこも道幅が狭かった、というように、データを集めることでより自分に合う場所がわかりやすくなってきます。

いい環境に引っ越したり、土地や地域に関わる仕事を成功させたりしたかったら、ぜひともやってみて。

物件をたくさん見てエネルギーをキャッチして

新しく住む場所を探しているのなら、賃貸か購入かにかかわらず、できるだけ幅広くいろんな土地や物件を見て、エネルギーを感じてみるのも効果的です。将来家が買いたいと思ったら、買えるだけのお金が貯まってからではなくて、今の段階ですぐに見に行ってみて！

見学時のポイントは、自分の中で設定していた条件の枠を超えてみること。そうすることにより、家に対して持っていた希望が本当は自分に合ってなかったことに気づけることもあります。

例えば2LDKがいいと思っていたのに、1LDKの物件を見てみたらすごくセキュリティがしっかりしていて、「私が本当に重視してるのは間取りよりも安全性だった」と気づいたり。

便利で駅チカがいい！　と思っていたのに、いざいろいろ見てみると「やっぱり私は静かな環境がいい」とわかったりして、理想的な住まいに引っ越せたりするんです。

また、あなたがもし高級タワーマンションや高級住宅に憧れているとしたら、実際に内見してみて。これはもう「やらない手はない！」っていうくらい超絶おすすめです。

今の収入や貯金では全然手が出ないとしても問題ありません。気持ちだけは1億円ぐらいの物件なんて余裕で買えるとか、家賃30万なんて簡単に払えるようなお金持ちになったつもりで、値段に関係なくいいところはどんどん見てみましょう。

可能なら写真もたくさん撮らせてもらって、毎日眺めてみるのもいいですよ。そうしてるうちに、銀龍さんが場所と自分をリンクさせてくれて、本当にその場所に合う自分にしてくれるんです。

実際にそれをした後に収入がぐんと上がり、あんなに夢だと思っていた高級物件が買えるようになったという人も少なからずいらっしゃいます。

だからぜひ自分の引き寄せ力と銀龍さんの力を信じてやってみて。やるだけは無料です（笑）。損はありませんよね。

電車や神社、人のいない高原や公園など日中のみ出現

銀龍さんはやはり地域の振興にリンクした場所にいることが多いんです。

例えば、鉄道の発展にも深く関わっているので、電車の線路に沿って泳いでいることもあります。やたら銀色にキラキラ光る線路を見たら、それはまさしく銀龍さんと思っていいでしょう。

特徴はシルバーに靄《もや》がかかっていること。

神聖できちんとした場所を好むので、神棚や神社に現れることもよくあります。

また、涼し気な場所が大好きなので、高原などにもいます。人の少ない公園の日陰とか、思いがけない場所で休んでいることも。

時間は暗くなる前、明るい日射しが差す日中が多いでしょう。

Chapter 6

心身や家屋の淀みを浄化して、福を呼び込む 青龍さん

あらゆるものを浄化し心身の詰まりを改善する力を持つ

曲がったことが大嫌い。正直で真面目なキャラ

青龍さんはあらゆるものの浄化を得意とする龍です。古くて不要なものを払い落とし、新しくリセットしてくれます。清潔な環境を好み、汚れや穢れが最も嫌い。とくに清らかな水の流れが大好きで、不浄なものを洗い流して清めます。

物質的な場所やものだけに限らず、人間関係や人の思考も含め、物事に詰まりや淀みがあればクリアにし、スッキリと流れを良くしてくれます。

美しいもの、整っているもの、上品なものが好きで、無駄なものを徹底的に除いたミニマリストのような存在といえるでしょう。

また青龍さんは、公平性や透明性を重んじ、汚い手段を使うことが大嫌い。嘘やごまかしがはびこる世の中を正し、ちゃんと正直に真面目に生きている人にスポットライトを当ててくれます。

現代は地球環境の汚染がますます深刻になっていますし、人の身体にも化学物質がたまって、健康に害を及ぼすことが懸念されていますね。それだけ今は青龍さんの浄化の力を借りることが大切だといえます。

究極的に青龍さんが目指すのは、人が不要なものをどんどんそぎ落としていった時に、最後に残る自分の本質に気づくこと。

自分という存在が本当は神様と同じ素晴らしいものなんだと思えるように、青龍さんが導いてくれているんです。

好かれる人の特徴は、清潔感のある公平な人

青龍さんが味方しているのは、なんといってもきれい好きな人。環境を浄化したり、清潔に保とうとしたりする人を応援します。言うまでもなく掃除や片付けの専門家、ミニマリストなどがこのタイプです。

とくに水回りの清潔さを大事にし、飲み水や生活用水にもこだわる人も多いでしょう。

また、青龍さんタイプは他人を浄化することも得意。ヒーラーや、デトックス分野のセラピストにも多いですし、医療関係者などに味方することも。

人と自然の共生に意識を向けたり、環境に気を使ったりすることができるので、環境保護に関わる人や、オーガニックなどにこだわる自然派の人にも多く付いています。添加物や化学物質は苦手で、アレルギー体質の人もいるかもしれません。

身の回りを清潔に保ったり、環境に優しいものや自然なものを選んだりしようとするとお金や時間がかかることもありますが、その分はちゃんと埋め合わせできます。環境保全活動をしていると、青龍さんの応援で資金が入ったり、人材が揃ったりして仕事がうまく回る、なんてことも。

また公平性やルールを守る職業にも向いているので、警察といった組織や法律家などで成功している人もいます。逆に、嘘をつかないとやっていけないような仕事はまったく向いていません。

悪縁や老廃物などストレスのもとを一掃してくれる！

浄化のパワーで、悪いものを寄せ付けない

青龍さんといえばやはり浄化やデトックス。味方に付いてくれると、自分にとって不要なものを手放すことができて、自然とリセットできます。片付けをしたい時には不要なものがわかって処分できるようになりますし、心のもやもやも祓ってくれるでしょう。

いくら考えてもしょうがない悩みなどを手放すことができるので、考えすぎて頭が混乱した時にもぴったり。思考がスッキリして、整理され、自分にとって大事なことを選択できそう。

ストレスを洗い流してくれるうえに、身体の老廃物や不要物も流してくれる

ので、心身ともに健康になれるかも。

とくに他人の影響を受けやすい人や、物事に振り回されがちな人であれば、他人の意識をうまく受け流したり、かわしたり、自分にとってプラスにならないものだけ祓ったりできるようになる、というのも利点の一つです。

中でもクライアントのエネルギーを受け流せずに疲弊してしまいがちなヒーラーやセラピストは、青龍さんの力を借りて浄化し、他人の感情を引きずらないようにするのがポイント。

人間関係も清めてくれるので、悪縁を断ち切りたい時にも向いています。

青龍さんの力を借りて、古くなったものや使わなくなって久しいものなど、今の自分に合わない物事を手放していくと、循環がみるみる良くなって、新しい自分にぴったりな人やものが引き寄せられてきます。

掃除を外注することで、龍が戻ってきたことも

Chapter1でお伝えした、一度青龍さんが離れてしまったクライアントさんの、その後のお話です。

彼女は自分が無理をして完璧に家をきれいにしようとしているうちに、いつしか青龍さんが離れてしまっていて、私のところに相談に来た時にも「せっかく掃除してもすぐに子どもが汚しちゃって、私が頑張っても意味がないじゃないですか」とイライラしてばかりいました。

そこで彼女には「そんなふうに楽しめないのにお掃除してちゃダメですよ。片付けの専門家だって、自分がワクワクときめきながら片付けをしてるからうまくいってるんです。楽しめないんだったら、一度お掃除を休んでみて。どうしても汚れが気になるなら、一度プロの人に頼ってみるのもいいかも」とアドバイスしました。

彼女は意志が強く、前向きにマインドチェンジをしたら方向転換できるタイプだったので、私がさらに「お掃除を頼んだら、その時間は絶対に楽しく過ごすと約束してください」と言ってみたんです。

すると彼女は本当にプロの人に掃除をお願いして、子どもたちと楽しく旅行することにし、「その間は絶対に楽しむ」と決めてくれました。

そこで私もさらに「もし旅行中にうまくいかないことがあっても、『せっかく旅行したのに』ってがっかりしたり怒ったりしないで、失敗や間違いも含めて起きることは全部楽しいって考えてみて」とアドバイス。

彼女はちゃんとその通り実行し、「旅先で子どもが見事にやらかしてくれちゃって」と言いながらもハプニングすら楽しんだ様子で、家のことも「帰ったら、私が全然頑張らなかったのにきれいになってて感激した」と喜んで報告してくれました。

私はその報告からめちゃくちゃ青龍さんのエネルギーを感じて、青龍さんがその家に戻ってきたと確信したんです。

この時から彼女は「家はある程度汚れたらプロに任せればいい。それより自分の心を明るく保つことに重点を置いたほうがいい」と考えるようになり、もう自分だけで頑張ろうとするのをやめて、掃除を定期的にお願いしてその間はお出かけを楽しむことにしたんです。

旦那さんも最初はお金がもったいないと言ってたんですが、いざ家族でとにかく楽しく休日を過ごすようになると、収入が上がり、掃除したり出かけたりするためのお金が問題なく出せるようになったんですよ。

つまり本質に気づけたことで、それを後押しするような現実が現れたんですね。

私は、青龍さんが一番浄化してくれたのは彼女のイライラやもやもやする気持ちだったんだと思いました。

それだけ龍にとって一番大事なのは、ワクワク楽しむこと。

自分が楽しいなら、汚くなっちゃダメってわけではないし、掃除や片付けが楽しくなかったらプロに頼んでも、ルンバに頼んでもＯＫ！　まず自分のネガティブな感情を浄化して、明るい気持ちになれることを優先していきましょう。もちろんお掃除すると気分が良くなるなら、自分でやるのもとってもいいことです。

とくにお掃除や片付けが大好きな方は、まさに青龍さん的な性質そのものなので、青龍さんのご加護を生かして、そのままお仕事にしてしまうのもいいかもしれませんね。

青龍さんが味方するスペシャルワーク

嘘をつかない

青龍さんは公明正大なタイプなので、人を陥れたり騙したりするような真似はせずに、誠実に生きれば生きるほど、味方に付いてくれるようになります。

ここで大事なのは、他人だけじゃなくて、自分自身にも正直であること。他人には誠実なのに、自分の本音はごまかしたり無視したりしちゃう、なんてこともありがちですが、それも良くないんですよ。

もちろん人を騙すようなことは青龍さん的にはNG。不正や嘘などを繰り返してると、青龍さんが離れてしまい、流れがストップしたり、自分のほうが浄化させられたりしてしまうかも。

例えば同じ営業をするにも、嘘やごまかしで売り込むことはせずに、正攻法で正直に説明するほうが信頼を得られて業績がアップします。

不正を持ちかけられたら当然断って正解。仕事でそんなことがあったら、間違いを正すように動くのもアリですが、それができないようなヤバい職場なら、転職しても問題なしです。

職を失ったりして一時期困るようなことがあったとしても、青龍さんが必ず味方してくれて、転職がすんなり決まるかもしれないし、きっと何とかなりますよ。

逆に青龍さんタイプが職場の不正に目をつぶったり、加担させられたりするような状況を続けていると精神衛生上良くないので、早めの方向転換が吉です。

水で浄化されるイメージトレーニングを日常的に取り入れる

青龍さんは清潔好きで、とくに水回りが汚れていると家に近寄れないこともあります。自分が楽しめる範囲でいいので、キッチンやお風呂、洗面所、トイレなどはきれいにしておきましょう。

物理的に汚れを落とすことで、自分の思考や感情のデトックスもでき、真我につながって素晴らしい自分を再発見できる、なんてこともあるんですよ。

水を使った掃除の時にぜひやるといいのは、青龍さんの浄化のイメージトレーニング。まずは青白い色や水色、青色など、自分の想像しやすいように青龍さんの姿を思い浮かべてみましょう。

そして次に、滝の激しさや川の流れなど、あなたの中にある浄化のイメージをしてみて。その流れに青龍さんのヒーリングのエネルギーが乗り、穢れがすべて洗い流されるイメージをするんです。

このイメトレは、掃除に限らず、料理する時、お風呂に入る時、洗濯する時など、水を使う時はいつでもできます。疲れがとれるし、考えすぎて混乱した時にも頭がスッキリしてきますよ。

またおすすめしたいのは、時々清流のような水のきれいな場所に行って、この浄化法をやること。自分の中が水で清められるような気持ちになれます。

さらにお風呂で湯船に浸かる時に、一般的な180リットルの湯船に対して塩を片手一掴み分（雪合戦の雪玉のイメージ）入れると浄化作用がぐっと高まります。塩は邪気邪念を祓う効果があるのです。

使う塩は、精製塩ではなくて粗塩（天然塩）のほうが浄化効果が高いです。風呂釜を傷める可能性もあるので追い焚きはしないようにしましょう。

それと、普段青龍さんのイメージをしながら、天然水をこまめに取るのも効果的。水は意識の波動を伝えることができるといわれるので、普段の生活で水道水を使う時にだって「これは青龍さんが浄化してくれたすごい水なんだ」とイメージするのが大切です！

会社などでたくさんの人のエネルギーに触れて疲れた時にも、青龍さんの浄化できれいになったイメージをしながら化粧室で水を流したり、手を洗ったりするとリフレッシュできます。

さらに、青龍さんのイメージをしながら水をちょっと手に取り、第三の目のところにつけるのも効果的。

青龍さんの浄化をイメージした水で家中の床を水拭きするのも超絶おすすめ。フローリングワイパーやモップでも大丈夫ですが、できれば時々手でぞうきんがけすると効果倍増です。

浄化をイメージした水をぞうきんに含ませてから絞り、手のひらで床に押し当て、家中に「ありがとう」の気持ちを込めながら丁寧にケアするように拭きます。

そうすると自分の手から感謝の波動が伝わって、家とのつながりが深まり、快適に暮らせるようになりますよ。

全部の床を拭くのが難しいなら、リビングと寝る場所だけでもOK。畳の部屋でも、固く水を絞ってから拭き、しっかり乾燥させれば大丈夫です。

何となく調子が良くない時にちょっとやってみると、気分がリセットされてスッキリするかも。これはかなり実感する人が多いです。

多くの神社やお寺でも、昔ながらの水拭き掃除法が行われているのは、やはり清めの力が強いからではないかなと思いますよ。

透明感のあるものを身に着ける

青龍さんが好むアクセサリーは、透明度が高く、心身を浄化してくれるといわれる水晶が最適です。水晶は家や職場のデスクなどに飾っておくこともできます。購入する時はできるだけ透明度の高いものを選びましょう。ネガティブな気を祓ってくれます。それと、アパタイトもおすすめです。

他に身に着けるものとしては、青の中でもとくに薄い水色のアクセサリーなど、透明感のあるものがいいでしょう。

ミントの香りをまとう

青龍さんは香りにもかなり敏感で、生ごみや排水口の淀んだ臭いなど、不潔感のある臭いの場所には近寄れません。

反対に清涼感のある香りを好み、とくに浄化に最適といわれるミントの香りが大好き。

青龍さんのエネルギーはミントのイメージが強く、実際に私が青龍さんを感じた滝などの動画をＹｏｕＴｕｂｅで配信すると、視聴者さんから必ず「ミントの香りがした」というコメントを頂くほどです。

そこでおすすめなのがミントウォーター。きれいな水にミントのアロマオイルを数滴垂らし、殺菌作用としてアルコールを少し入れて作ります。

青龍さんが部屋を浄化してくれるイメージをしながら、ミントウォーターを空間にスプレーしたり、吹きかけて大丈夫な素材だったらカーテンやカーペットなどにかけたりしてみて。

生ごみや排水口、お洗濯前の洗濯槽にもミントウォーターを吹きかけてもいいですし、水拭き掃除をする時にバケツの水に入れたりして使うと、場のエネルギーがより浄化されます。

ただしアロマオイルの原液をそのまま使うと、素材によってはシミになってしまうこともあるのでくれぐれも注意してください。

ミントのハーブもいいので、ハーブティーを飲んだり、料理に使ったりするのもグッドです。

ミントが合わないという人なら、ローズマリー、ティートゥリーなど他の爽快感のあるものでOKなので、好きな香りを見つけて使ってみて。

金属製のおりんやティンシャを鳴らす

青龍さんを思い浮かべながら、おりんや鐘、ティンシャ（チベットで使われる魔よけのベル）のような、金属系の澄み渡った音を鳴らすのもすごくいいワークです。「チーン」という音が青龍さんのエネルギーとリンクして、空間を清浄にしてくれますよ。

とくに掃除が終わった後の仕上げに鳴らすとより効果が高まります。水拭きをした後だと、部屋中の水の分子に清潔感のあるエネルギーが行き渡り、全体をコーティングしてくれる感じになります。それがバリアの役割を果たしてくれて、家に変なエネルギーを寄せ付けなくなり、住環境に関わるトラブルなどが減るかも。

他にも空気が淀んでいる気がした時にやってもいいし、悩みが頭から離れない時なども、余計な雑念が流れていって頭がスッキリしてきます。

とくにやるといいのが、ふと魔が差して嫌なことを考えてしまった時。

例えば友達に連絡したら返事が来ない時、冷静に考えるとまったく深刻な状況ではなさそうなのに、「この前も何だか冷たかったし、本当は私のことが嫌いなんじゃないだろうか」などと急に心配になって、どんどん不安が増大していってしまう、なんてことありませんか。

そうなる前に、早めに鳴らしておけば、我に返って深刻に悩まずにすみますよ。

澄んだ水場の近くで、夜明けから日暮れの間に出現

青龍さんに会えるのは、夜が明けてから日が暮れるまでの間が多く、場所は湧水、水源、清流、滝など、水のきれいなところが多いでしょう。

とくに湧水の名所になっているところによくいます。

田舎のほうだけでなく、都市部でも自然が残る場所には湧水の出ているところが結構あるので、探して行ってみては。

湧水を眺めているうちに急にどこからかミントの香りが漂ってきたり、イメージが湧いてきたりしたら、青龍さんが来てくれたサインです。

Chapter

7

直感力を磨き、情熱によって人生を豊かにする 朱龍さん

集中力を高め、自分を貫く強さを与える力を持つ

揺るぎない信念を持った、一点集中の特化型タイプ

朱龍さんは、物事に熱中するのが得意な龍。真っ赤に燃える朝焼けや夕焼けみたいに、自分だけの情熱の炎を持っていて、それを燃やし続けられる強い信念を持っています。

同じように没頭するタイプの黒龍さんは、余計なものを削って神経を研ぎ澄まし、この世界の本質を追究していきますが、朱龍さんはともすれば不要だと切り捨てられそうなものに興味を持ち、より心を豊かにしていく方向に進んでいきます。

そのため、真剣で真面目そうに見える黒龍さんとは違って、趣味の世界で遊

んでいるように見えるかも。けれどどんな分野でも妥協せずに続けて、やがてその道を極めます。

また、何にでも情熱を持つ金龍さんとは少し違い、好きな世界だけに特化して、そこに情熱を注ぎ込むことが得意なタイプ。世の中では取るに足らないと思われるような、小さなことにも光を当ててくれる龍ともいえます。

持ち前のセンスを発揮して日常に芸術・文化を取り入れるのも得意です。

朱龍さんは、自分の好きなこと、やりたいことを持っている人に、迷いを断ち切って自分を貫き、その道を進んでいく情熱や強さを与えてくれます。

今の世の中では、働き方に対する考え方も変わってきていて、好きなことを仕事や副業にしたり、仕事しながら趣味を楽しむ時間も確保したりする、というように、好きなことを中心にしたライフスタイルをみんなが求めるようになっていますよね。

これからもっともっと一人一人が自分の好きなことをして、人生を充実させることができるよう、朱龍さんが流れを作ってくれますよ。

好かれる人の特徴は、自分を貫く一見マイペースなタイプ

朱龍さんが付いている人は、好きなことにのめり込むと時間が経つのを忘れてしまうタイプ。ただその好きなことが、他人から見たら役に立たなかったり、生産性がなかったりすることが多いかも。

例えばゲーム、テレビ、マンガなど、人からは単なる遊びにしか見えないものに夢中になり、子どもの頃に「くだらないマンガ読んでばっかりいないで勉強しなさい」と親に怒られてしまうタイプです。

けれど、直感力に優れていて、本当に自分にとって良いもの・合うものを理屈ではなく感覚で摑むことができます。

その状況を冷静に見れる目もあるので、「こんなゲームばっかりしてもどうしようもないんじゃないか」とか、「アニメばっかり見てる自分は人から変だと思われてるんじゃないか」などと気にして葛藤してしまう一面も。

ただし、最終的には自分を貫くだけの強さを発揮でき、「遊びじゃなくて本

気だったんだ」と周りに認めさせることができるでしょう。

物事を客観的に見られる面を生かして、人に受け入れられるものを作れるようになることもありますよ。

また、自分の好きなことであれば、技術を自然に習得できるのも朱龍さんタイプの特徴。興味のある分野なら細部にもこだわることができるので、細かい仕事をするのが得意な人も。

一つのことに集中でき、諦めないので、表現活動をしている人もいますし、自分だけの得意分野を極めることができるので、ニッチな分野を極めるのにも向いています。

朱龍さんの後押しで天職や生きがいに出会うことも

人に左右されず折れない心を手に入れる

朱龍さんの得意技はなんといっても「自分に勝つ」ということ。朱龍さんが応援してくれるようになると、大好きで夢中になれるものを見つけることができ、多少のことでは折れなくなります。

もともと朱龍さんが味方するタイプの人は、マーケットの大きくない分野に目を向けやすく、他人から「そんなことやっても人気出ないよ」とか「売れないよ」と言われると心が揺れてしまいがち。

でも朱龍さんの力を借りていけば、人目を気にしたり人と比べたりせずに、好きなことが続けられるようになるんです。

周りの人に反対されてばかりで心が折れたり、諦めたくなったりした時には、心の弱さを消してくれますし、細かいことへのこだわりがなかなか他人に理解されない時には、孤独を感じなくなり、自分の世界を極めていいんだと思えるようになるでしょう。

人に褒められないことでもなんでも、自分を貫いて心ゆくまでやると、いつか自分ならではのこだわりが認められ、細かなところで人と差をつけることができたり、周りから応援されたりするようになります。

それが仕事になったり、趣味で続けられたりして、人の役に立つことができるようになるでしょう。

やがてブームを起こしたり、その道の第一人者になれたりすることも。

好きな道に進んでも仕事に困らず食べていける

朱龍さんが味方してくれると、好きなことを続けるだけの時間もでき、お金もちゃんと入ってきて、どんなにマイナーな分野に進んだとしても生活に困ることはなくなります。

本当にやりたいことに突き進むと決意した瞬間、自然と周りからの協力が得られたり、人からの援助を受けやすくなったりすることも。

私の知っている朱龍さんタイプでは、あるサラリーマンの方が、革製品が大好きでどうしてもこだわりが捨てきれず、脱サラし思い切って革職人の道へと転向。結果的には彼のこだわりが口コミで広がり、どんどん注文が舞い込んで生計が成り立つようにまでなりました。

別のケースでは、自分の好きな絵画制作にのめり込んでいたら、子育てや家事を近くの親戚が手伝ってくれるようになったという人もいます。


また、あるクライアントさんは、大学でかなりニッチな分野の研究をしていて、実際にそれを専門にしたらなかなか仕事もなく、食べていくことが難しい状況でした。しかも好きな分野の話ができる人もいなくて、誰とも話が合わず、研究を続けるかどうか迷って私に相談してくれたんです。

その人には、まだ私から龍神さんの話はしていなかったんですが、ある日空を見上げた時にきれいな夕焼けを見て、「まるで龍神さんが赤く燃えているようだった」と写真を送ってくれました。

「それは自分の好きな分野を追求していいという朱龍さんからのメッセージだよ」と伝えると、そのクライアントさんは安心して研究に打ち込んでいけるようになりました。

さらにブログやSNSでの発信などで地道な活動を続けたところ、同じことが好きな仲間もできて、支援者も増えて、これからが楽しみになったそうです。

不要なこだわりに気づける

朱龍さんが付いた時は、好きなこと以外にはこだわらずに柔軟に考えられるようになります。

例えば、「結婚しなきゃ」と思っていた人が、「私は好きなことを続けるのが一番大事だから、無理に結婚する必要ないな」と思えたり、「会社で出世したりお金儲けしたりしたいと思ってたけど、自分は本当は趣味の時間が持てたらそれが一番だ」と思えたりして、好きなことのために不要なものを手放すことができるようになるんです。

そのうちに自分の好きなことに理解を示してくれる相手に巡り会ったり、趣味の副業でもお金が稼げるようになったりすることもありますし、どのみち一番自分にとって幸せな生き方ができるようになるんですよ。

反対に、好きなことのために必要なことを取り入れることもいとわなくなります。例えば、好きなマンガを描き続けるために健康維持も大切だと思ったら、苦手だった運動ができるようになったり、早寝早起きして規則正しい生活をできるようになったり。カフェを開くためにいろんな申請が必要になったら、苦手だった書類関係の手続きや細かい作業、業者や行政との打ち合わせ、調整などができるようになった、なんてことも。

大好きな雑貨作りが収入につながり、夫婦仲も改善！

ある女性のクライアントさんは、手先が器用でそれを生かした仕事をしてたんですが、その仕事が好きになれないうえにとても大変で、辞めようかどうしようかと迷って相談に来られたんです。

彼女を見たところ、本当は朱龍さんに味方になってもらえるはずなのに、自分が好きなことをやらずに拒否してるようなところがありました。

それが知らず知らずのうちにストレスになり、周りの人のことをつい見張ってしまって「私はこんなに頑張ってるのに、なんであの人はちゃんと仕事をやらないんだ」と怒ったり、人をジャッジしたりしてしまって、職場ではいつもピリピリしていたそうです。

彼女も空に龍が見えたと言っていて、写真を送ってくれたので見てみると、やはりそれは朱龍さんだったんです。

その方は結婚していたんですが、当時は「旦那は給料が安くて、私の稼ぎがなかったら生活できないし、家のこともしてくれなくて最低。別れたい」と相談してくれるほどに仲が悪くなっていました。

そこで私が、「好きな道に進んだらいい」という朱龍さんのメッセージを伝え、「もっとあなたのほうから旦那さんを頼って、甘えてみたらいいんじゃないですか」とアドバイスすると、彼女は思い切って仕事を辞め、前々から興味があったハンドメイドの雑貨作りを始めるように。

まったく初心者からのスタートで最初は悩まれていましたが、いざやってみるとその作業が面白くて、ものすごく集中できたそう。

結局始めて1~2年でお客さんがたくさんつき、商売が軌道に乗って、思い切って投資のつもりで買った高額な工具の代金も驚くほど早く回収できたと言っていました。

旦那さんにもダメもとで家のことやお金のことも頼るようにしたら、むしろ得意げになって協力してくれるようになり、嘘のように夫婦関係が良くなったそうです。しかも、なんと新婚当初以上に！

朱龍さんが味方に付くと、思い切って好きな道に進んでもちゃんと他の人が協力してくれる、というのがよくわかった例でした。

朱龍さんが味方するスペシャルワーク

好きなことにのめり込む時間を優先する

朱龍さんの場合、一番大事なのはやはり好きなことを最優先すること。どんなに忙しくてもその時間は必ず取るようにしましょう。時間がなかったら、やりたくないこと、好きじゃないことは外注するなどして人に頼ってOKです。

「小さい子を預けてやりたいことをやるなんてママ失格」なんていうように、世間一般の人たちの考えを気にしたり、それに合わせたりする必要はまったくナシ。

他の人に任せることで、かえって「旦那が子どもを見てくれるからやりたいことがやれる」とか「税理士さんが苦手な経理をやってくれるから自分の作業に集中できる」というように感謝の念がわき、いい流れを作っていけるようになりますよ。

逆に「こんなくだらないことはやめて生産性のあることをしなきゃ」などと考えて、好きなことを禁止したりするのは、朱龍さんタイプにとって一番ヤバいパターン。

そのうち好きなことをしている人に「自分は我慢してるのに」とイライラしたり、人と違った面白いことをして成功してる人に対して「あの人のやってることなんて大したことないのに」と嫉妬したりするようになり、どんどん負のスパイラルにはまっていくんです。

やりたいことをしている人を見て、ネガティブな感情が出たなら、それは自分のしたいことをやれていないというサイン。思い切ってやりたいことをやりましょう。

朱龍さんにとって自分に厳しくするというのは、やりたいことを制限するのではなく、何があってもくじけずに頑張ることだと覚えておいてください。

好きなことをやっている人を応援する

本来朱龍さんは、自分がこだわる分、こだわりを持った他人のことも応援できるタイプ。自分がやりたいことをしていると、他人が好きなことをやっていても気にならなくなるだけでなく、その人を応援しようと思えるようになります。自分が好きなことで流れに乗ってきて、同じように好きなことをしてる人のことを素敵だな、協力してあげたいな、と思ったら、ぜひ応援してみて。

同じ道を歩んでいる後輩や若者を指導するとか、最近はクラウドファンディングで共感できる人に支援してみる、なんてのもアリ。

ものを買ったりサービスを使う時も、値段より物語性重視で、「どうしてもこの技術が学びたくてニューヨークで修業した」という美容師さんの経験が心に響いたらその人にカットしてもらうとか、「この野菜は肥料を一から作って、無農薬で作ったんだ」というストーリーに感動したらその農家さんの野菜を取り寄せるとか。

多少値段は高くても、職人的なこだわりがあったり、思い入れを持ったりして、手間暇かけているところを選んで大正解です。家で使うものや飾るもの、身に着ける服やアクセサリー、小物なども、なるべく手作りでこだわったものを中心にするのがおすすめ。パワーストーンなら、馴染みの人から買うのもあり。ちなみに朱龍さんの加護を頂くならインカローズやロードナイト、ガーネットなど赤っぽいものが良いでしょう。

好きなことをしている人を応援すると、それが自分にも返ってきて、互いが協力し合えるような流れを朱龍さんが作ってくれます。だから他人のこだわりを認め、自分の生活にも取り入れていくと、自分のこだわりも他人に受け入れられるようになり、多少他より高くても、「それぐらいこだわってたら確かに高いよね」と理解してもらえて、ちゃんと売れるようになるんです。

理念に共感できる会社を選ぶ

朱龍さんタイプの人が会社や組織に勤める場合は、自分の好きな業務を選ぶのもいいですが、会社の経営理念や、方向性に自分が共感できるかもとっても大切です。

例えば「この商品で困っている人を救いたい」という社長の夢に共感できたら、自分の仕事が夢に貢献していると思えて、モチベーションが上がります。その会社でもし自分の得意じゃない業務をすることになったとしても、多少のことは情熱とやる気を持って取り組めるでしょう。

逆に「この社長の方針には賛成できない」とか、「この会社は理念はいいと思ったけど、入ってみたらまったく逆のことをしていた」というように方向性に共感できなくなると、仕事する意義が感じられず、その会社で働くのはちょっと辛くなってくるかも。

就職や転職を考えている人であれば、ぜひ会社の理念や方針をチェックし、実際にはどうなっているのかを調べてみて、自分が共感できそうか考えてみるといいですよ。

弱さを滅する火の浄化法にトライ

火の浄化は、自分の中にある不安や諦めなど、弱い心を消していくための浄化法。仏教で不動明王へのご祈禱やお浄めに護摩焚きをするのに近く、雑念を火で燃やすことで、最後に一番強い思いや信念を残す方法です。

やり方はただ安全に気を付けながら火を灯して、それをしばらくぼーっと眺めるだけ。人目や常識が気になったり身近な人の反対に遭ったりして、自分を貫けない時や、なかなか好きなことが日の目を見ずに心が折れそうな時などに、火のエネルギーで迷いや弱さを滅します。

そうすることにより、心が研ぎ澄まされ、自分の進むべき道が見えてきたり、自分のやりたいことに集中できるようになったりするでしょう。

使う火は炭火など遠赤外線がよく、焚火ができればベスト。都会の家では難しかったら、キャンプ場やバーベキュー施設などに行って、安全な場所でやりましょう。

家に暖炉や囲炉裏、薪ストーブや火鉢などがあったら薪をくべて眺めるのもいいですし、石油ストーブなどがあればそれでもＯＫ。

気軽にやりやすいものといえば、なんといってもキャンドルです。ネガティブなほうに向きそうになったら、キャンドルを灯して火をゆっくり眺めてもいいし、好きなことをする時にも、火をつけたキャンドルを視界に入るところに置きながら取り組むと、集中力が全然違ってきますよ。

ただし、のめり込みすぎて火のことを忘れないように。火事や一酸化炭素中毒などにはくれぐれもご注意ください！　火を使うのが難しい場合は、護摩焚《ごまた》きの動画を見て、浄化のイメージをする手もアリ。

火を焚くことによってネガティブな心を清めたら、「私にはできる」と金龍さんのポジティブ言葉を唱えるワークをするのも効果的です。

キャンドルと塩のコラボ入浴でマッサージ

お風呂に入りながらキャンドルを灯す浄化法で、朱龍さんだけではなく、全部の龍神さんに効くワークです。最初にお風呂場に入ったら、湯船に浸かる前に、天然塩をたくさん使って身体をマッサージします。

終わったら、野球のボールよりも大きいくらいたくさんの量の天然塩を浴槽に入れ、中に入ります。この時、マッサージで身体についた塩は洗い流さずそのまま入ってOK。

浴槽に入る時は、キャンドルを置いて火を灯し、電気を消しましょう。キャンドルは小さなもので大丈夫です。できれば浴槽の四隅に置いてみて。さらにミントなどの精油をちょっと垂らすのも効果的です。

浴槽に入ったら、龍神さんたちが自分の心身を清めてくれるイメージをしながら、ゆっくりとお湯に浸かりましょう。終わったら浴槽のお湯はその都度洗い流して。沸かしなおしたりすると風呂釜が傷んだりするので注意してください。

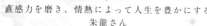

このワークは、龍神さんにすごくリンクできるようになるので、もともと龍神タイプの人も、龍神さんに味方になってほしいと願う人も、ぜひともやってみるのをおすすめします。毎日できたら理想的ですが、週末など一人でゆっくり入れる時にやるだけでも効果的。少なくとも月一回は「龍神の浄化デー」を作ってやってみてください。

明け方と夕方のみ、朝焼けや夕焼けの空に出現する

朱龍さんはやはり明け方と夕方の空によく出ます。とくに朝焼けや夕焼けがきれいな時はぜひ空を眺めてみて。朱龍さんの雲が出てくることも多いですよ。朱龍さんは起承転結の流れを作る龍でもあるので、朝と夕方に、始まりと終わりを意識してみるのもアリ。

朝日が昇る時は自分が情熱を感じるままに、躊躇せず楽しいことをやっていこうと心を新たにし、夕暮れ時には一日を振り返り、朝思ったことが達成できたとか、成熟できたことに感動したり、今日も一日頑張ったと自分で自分を褒めてあげたりしましょう。

Chapter

8

令和に出現した、個性を爆発させる幻の存在 虹龍さん

“個”を際立たせ、人々を新しい時代の波に乗せる力を持つ

包容力があり、個性の塊のような破天荒キャラ

虹龍さんは、オールマイティーで変幻自在、あらゆることを認められるタイプ。それぞれの個の力を信じて「なんでもアリ！」と受け止め、どんなタイプの人でも応援してくれる器の大きさを持っています。

もともと龍というのは、実体がなく、流れや方向性を作るエネルギーに近いのですが、中でもとくに自分の個性や存在を見せないのが虹龍さん。けれどその分、あらゆる個性をすべて包括することができます。

希望にあふれていて、好奇心旺盛で気が多く、勇気があって冒険好き。めちゃくちゃキラキラした笑顔で、いつもワクワク目を輝かせている姿は、ファ

ンタジー物語の妖精みたいです。

その分社会の常識がわからず、空気を読むのは苦手で、平成までの時代は叩かれまくっていたようなタイプ。常識ある大人たちによく怒られるんだけど、なんで怒られるかわからなくて、とりあえず謝っちゃうような面も。

そんな虹龍さんタイプは、最初から自分の好きなことがわかって追求していける朱龍さんなどとは違い、まずは何にでもトライ。そこから自分の個性に気づいていくプロセスを楽しみます。

色の見えない光が水の中を通り、七つの色に別れるように、すべての色を全部理解したうえで、自分の色を見つけていける龍なんです。

これから起こる多極化の流れで、世界は一変する

今まで虹龍さんは、あまり人間に特性を現すことがなく、実態がよく摑めない存在でした。

けれど、令和になってからは、ちょくちょく私たちにそのエネルギーを示してくれるようになったんです。

それは虹龍さんが、これから人類が迎える多極化への流れを作るため。

これまで人間の価値観が一極に集中していたのが、今どんどん二極化し、そのプロセスが終わったら、今度はその二つからまた細胞分裂のように細分化していきます。これが多極化への流れです。

詳しく説明しますと、人間社会では最近まで、正解が一つあってあとは間違い、という価値観の時代だったんですね。正解と思われているのは、国が言うこと、マスコミが言うこと、先生が言うことなどで、多くの人がそれを疑いなく正しいと信じていたんです。

その時代は、一つの正解に対して異を唱える人間にとっては苦しかったかもしれないけれど、多くの人にとっては、自分から積極的に動いて答えを見つけなくても、受け身で誰かが正しいと言ったことに従っていれば良く、ある意味で楽な時代でした。

ところがここ最近になって、「マスコミが言うことがおかしいんじゃないか」とか「先生が言ってることは違うんじゃないか」というように、今まで間違いと言われていたことを逆に正しいんじゃないかと思う人の数が急増してきたんです。

例えばこれまでは絶対的な悪者、完全な犯罪者のような存在があって、マスコミにそういうレッテルを貼られた人にはほとんど反論する余地はありませんでした。

それが今は、マスコミから総叩きに遭っていた人が、ネットで「真実はこうなんだ」と自分で発信できるようになり、それを知ったたくさんの人が「本当はこの人は悪くないんじゃないか」とか、「あの報道ちょっと変じゃないか」と疑うようになったんです。

SNSでも、以前は悪いことをした人がいたらみんなで叩くのがまかり通っていたけれど、だんだん「そこまで叩くのってどうなの」って反対する人も増えてきて、二つの意見が対立するようになってきています。

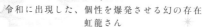

他にも、貧富の差や学力の差は開いていたとしても、今までのようにお金持ちや学歴のある人が誰からも賞賛を浴びる時代ではなくて、どっちの生き方が正しい、悪いという価値観がなくなりつつあります。

それが二極化の時代。二極化すると、明確な正解がなくなっちゃうので、どっちが自分にとって良いんだろう？　と自分で考えなくてはいけません。

でもそれは人類がレベルアップしている、ということ。学校の勉強では、まず知識を習得したら、次に自分で考えるステップに移っていきますが、それと同じです。

実は指導霊さんたちは、そうやって人類がレベルアップできるように陰ながら応援していて、龍神さんたちもそのための流れを作ってきたんです。

中でも白龍さんと黒龍さんは、白と黒、昼と夜どっちも必要だし、広げるものと集約するもの両方がないといけないということに人類が気づけるよう、両極的な役割を果たしてきました。この二神は、二極化の象徴といえるかもしれません。


こうして迎えた二極化の時代を過ぎた先にあるのが、多極化の時代。

今度は、両方ともアリになった正解がまた細分化して、「人それぞれ個性が違うんだから、人の数だけ正解があっていいいんだ」とみんなが思えるようになってきます。

そしてその時代の流れを統括するのが虹龍さん。いろんな正解があることを知ったうえで、どれもアリだとみんなが認め合う流れを、虹龍さんが作ってくれるんです。

多極化の時代は、遅かれ早かれこれから必ずやってきます。だから、今から虹龍さんの性質を先取りしておけば、新しい時代の波にもすいすいと乗ることができるんですよ！

好かれる人の特徴は、常識にとらわれない自由人タイプ

虹龍さんは今まで明確に誰かの味方に付くということはなかったんですが、令和になって徐々に社会が多極化のエネルギーを受け入れつつあり、それとともに虹龍さんに指導してもらう人も増えてきています。

虹龍さんが味方するのは、なんといっても「個性を隠さない人」。社会全体から見たら小さなことかもしれないけど、個々人でこれから勇気を出して自分を表に出していこうとしている人たちを、まるで種や芽をじっくり育てるように応援し始めています。

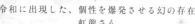

なので、すでに世の中で活躍している有名人やインフルエンサーよりも、どちらかといえば今はまだ社会的には知られていないような人が多いようです。

また、他に虹龍さんが好むのは、いろいろな体験をしながら自分の個性を探求していく人。好奇心が旺盛で、さまざまなことに興味を持ってトライし、「これは私に合ってる」とか「これは違うかも」と判断しながら自分の個性を探し当てていく人ですね。

このタイプの人は、全部ザルに入れてふるいにかけてから残ったものを見つけるように、たくさんの物事を検討して分別しないと気がすまない性格かも。いろんなことに手を出してはすぐに次のことに興味を持ち、一度始めたことがなかなか続かずに子どもの頃に飽きっぽいと怒られていたり、大人になってからもまったく違う分野に何度も転職して、「仕事が長続きしないなんてダメだ」と批判されてきたりしたかもしれません。

でもたくさん違う分野を見て、たくさんの経験を積んだ人は、一つの個性だけが正解じゃなくて、いろんな人がいていいんだと理解できたはず。

そんな人は、今までは「何事も長く続けて極めていくことが一番」という価値観には馴染まずに、マイナスの印象を持たれていたかもしれませんが、これからはいろいろな場面で学んだことを強みにして活躍できるようになります。

例えば経験した職種の多い人が、カウンセラーになってさまざまな職業の人の相談を受けた場合、それぞれの悩みが実体験から理解できて心から共感できますよね。そんなふうに幅広い体験を生かせるチャンスが、これからどんどん増えていくんですよ。

今まで周りから「何事も続かなくてダメだ」と言われて、自分でもそう思い込んでいた人もいたと思いますが、これからは自分を肯定して、さまざまな経験を生かせる道を探していきましょう。

虹色のパワーで
柔軟さを持ちつつ
自由に生きられるように！

人を受け入れ、自分のカラーも打ち出せる

虹龍さんが付いた人は、とにかく柔軟に何でも受け入れられるようになります。一つだけが正解じゃなくていろんな考えがあっていい、と思えるようになり、自分の考えがあってもそれにこだわらず、さまざまな意見を聞けるようになったりするでしょう。

さらに、他の人の意見や個性に触れれば触れるほど、自分の意見や個性が際立って見えてくるようになります。そしてそれがどんなに少数派で、多数派の反対があるかわからなくても、まず自分を主張することができるようになるんです。

すると「あなたにも一理ある」と同意してくれる人が集まり始め、それを見て「確かにどっちもあっていいのかも」と思う人が増えて、結果的に社会の多極化を加速させることも。

朱龍さんタイプがニッチな分野にこだわろうと思ったり、黒龍さんタイプがもっと自分を極めていきたいと思う時も、虹龍さんの性質も取り入れていくと、他人に自分の個性を受け入れてもらいやすくなります。

自分も他人の個性を受け入れやすくなって、人間関係が良くなったりするんですよ。

完璧じゃなくても支持されちゃう

そんなふうに、オールマイティーな虹龍さんは、どんなタイプの個性も全部理解して応援してくれるので、味方に付けない手はありません。

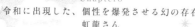

自分独自のカラーを打ち出せるようになると、ファンが増えていくので、一つのことを極めることができなくても十分やっていけるようになります。

いい例が、ＡｐｐｌｅのｉＰｈｏｎｅ。あの商品が初めて発売された時って、不具合やエラーがすごくありましたよね。

それまで消費者の間には「大企業が作るものは非の打ちどころのない完璧な商品であるべき」という感覚があったので、発売前には社内でも「あんな商品はありえない」と反対され、実際発売したらクレームも多くて「全然ダメだ」と批判する人も少なくありませんでした。

でも、あの技術に衝撃を受けた人もたくさんいて、「尖ってる」とか「未来のプロダクトだ」と絶賛するファンが世界中にたくさん現れたんです。

そんなふうに、誰から見ても完璧じゃなくても、虹龍さんが後押ししてくれると自分のカラーを際立たせることができて、受け入れてくれる人が必ず一定数現れて成功できるんですよ。

二極化から多極化の流れにうまく乗れる

これから世の中では、間違いなく一極集中型から二極化、多極化への促進剤のような出来事がどんどん起こるようになっていきます。

そんな時、自分の許容範囲が狭くて、そこからはみ出てしまう個性を認められないような人がすごく苦しくなっていくのは明らかです。その点虹龍さんのパワーをもらっていると、どんな人でもジャッジしないで受け入れられる人になれるので楽なんです。

例えば今、ロードバイクに乗るのが趣味という人が増えていて、公道を走っている姿を見かける機会も多くなっていますよね。

そういう姿をドライブ中や歩いている時に見かけて、いちいち「歩道を走るなんて危ないな」と怒っていたら、ますますイライラする時間が増えていきます。

さらにちゃんとルールを守っている自転車に対しても、「ロードバイクなんて迷惑で車からすれば邪魔だ」などと文句を言っていると、今まではそんな意見も支持されていたのが、だんだん「むしろ自転車のほうがエコなのでは？」と逆に反論される羽目になるかも。

とくに日本では、今まではみんなが空気を読んで、公共の場で人の輪を乱したり、迷惑かけたりしないようにするのが当たり前になっていて、それができ

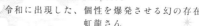

ない人にすごく厳しい傾向にありましたよね。

外国だったら電車の中で大声で電話したり、歌ったり、パンを食べたりする人がいても誰も気にしないのに、日本では電車のマナーにすごくうるさい人がいて、きつい香りをばらまいてるならともかく、誰にも迷惑をかけず少しお化粧直しをしているだけでもマナー違反だと怒られたりして。

しかも、やたらと自分以外の意見を言う人を敵視したり、「あいつは悪い奴だ」とジャッジしたり、正義の名のもとに自分の正しさを他人にまで強要して、ひどくなると自分に直接関係ない他人のＳＮＳに人格否定のような書き込みをしてしまう人までいますよね。

今までは正義を押し付ける人が多かったので、有名人が何か問題を起こすと、直接害を被っていない人に対して「ご迷惑をおかけしました」と謝罪することもよくありました。

けれど、それも平成までのこと。これからは逆に「そんなに無関係の人が責めるのはおかしいのでは」という声も増えて、常識にしばられた不寛容な人ほど生きづらくなってきます。

実は今まで、本当は自由に生きたいと思っていた人が、一極集中型の社会で多数派の価値観を押し付けられているうちに自分を見失ってしまうケースが増えています。

知らず知らずのうちに「私も我慢してるんだからあなたも我慢しなさい」と人に押し付ける側に回ってしまう、というパターンも珍しくありません。「ついつい自分に関係ない他人にムカついてしまう」と思ったら、それは自分を押し殺してきた反動で「自分は我慢しているのに！」「自分は真面目にやっているのに！」と怒っているのかも。「本当は自分も自由に生きたい！」というシグナルかもしれません。

虹龍さんの力を借りて、他人をダメだと責めることに使っていたエネルギーを、自分が良いと思うことにだけ、建設的に使っていきましょう！

虹龍さんの流れに乗っていくと、「へえー、赤とピンクの洋服の組み合わせもいいね」とか、「学校に行かない選択もアリだな」というように、人のことが許せて、ネガティブな感情に振り回されて疲れることが減ります。

それに選択肢が増えて、人生も豊かになります。

先程の例でいえば「自分もロードバイクに乗ってみたら意外と気持ちよかった」というように、幅が広がって、日々楽しく生きられるようになりますよ。

ライフスタイルにも正解がなくなる世の中へシフト

これから来る多極化の時代には、働き方も多岐にわたるようになっていくでしょう。

実際に今も、終身雇用がなくなってずっと会社にいられる保証がなくなり、年功序列もなくなってきて、その分逆に副業ＯＫの会社が増えていますよね。最近ではリモートワークも増えてきて、働き方がより自由になっています。

今までは社員を監視下に置いて、ちゃんと仕事してるかチェックしたりして、全部の行動をコントロールしようとする会社が当たり前だったけれど、もうそういうシステムは通用しなくなるでしょう。

反対にこれからは、社員の個々の力を信じて任せるような会社が生き残り、どんどん伸びていきます。

社員は会社に属していても、会社の歯車ではなくなってくる反面、それぞれが会社ばかりに頼らず、自分の人生を自分で作っていくことが必要になってくるでしょう。

副業や兼業はもはや当たり前になってきて、会社員が個人でＳＮＳやＹｏｕＴｕｂｅなどで発信し、ファンを作って稼ぐパターンもどんどん増えます。

会社のほうも、社員が個人的にファンを増やすとメリットがあることに気づき始め、「会社としての名前や場所を貸すから、実質、個人事業主のように自由にやっても、結果さえ出してくれれば全然ＯＫ」というようなところもたくさん出てきます。

しかもそういう会社がどんどん大きくなっていくはずです。その分、今まで年功序列で才能の芽を摘まれていた若い人たちにも、活躍の場が広がるでしょう。

そんなふうに働き方が大きく変わっていっても、虹龍さんを味方に付ければ楽に波に乗ることができます。経営者なら柔軟に組織を変えたり、社員に仕事を任せたりして成功できるし、社員なら自分らしい働きをして、実力を認められるようになりますよ。

虹龍さんが味方するスペシャルワーク

好奇心マシマシにしてあらゆることに手を出そう

虹龍さんに味方になってもらうには、好奇心を持って物事を観察し、いろいろなことを知るのがおすすめ。子どもの時を思い出して、「これはなんだろう」「あれはなんだろう」と些細なことでも疑問を持つようにしましょう。

誰でも子どもの時は好奇心いっぱいに生きていたはず。ただ「ねえねえ、なにこれ、なにあれ」とうるさく言って親に怒られているうちに疑問を持たなくなってしまったり、だんだんいろんな物事がわかってくるにつれて「まあ別に知らなくてもいいや」と熱が冷めたりして、その頃の感覚を忘れているだけなんです。

でもぜひここは、疑問に思ったことをすぐに調べてみて。例えば外を歩いていて、「電柱のところについている登れそうな棒は何に使うんだろうか」というように不思議に思ったら、ネットでチェックするだけでもOK。飽きっぽくてもいいので、数撃ちゃ当たる的に、何でもやることがコツです。

なるべくジャッジはしないで、とにかくたくさんの価値観、作品、表現、言葉、趣味などを調べてみましょう。そして今まで興味が持てなかった分野も一度は「へ——！」と興味を持って見てみましょう。

もし「ボクシングなんて全然興味ない、危なそうだし、なんでわざわざ傷つけ合って楽しいの」と思っているのだったら、YouTubeでボクシングの動画を見るとか、SNSでボクサーの発信を見るなどして、ボクシングのファンはどういうところが好きなのかを調べてみて。

本や映画や音楽、絵画なども、いろんなジャンルの作品に挑戦してみましょう。もし「現代アートの良さがわからない」と思うなら、あえて現代アートの美術館に行って実物を見てみたり、今までクラシック音楽に興味がなかったら、ちゃんと大ホールで生演奏を聴くのもアリ。
いろいろな言葉の意味を調べたり、たくさんの外国語を少しずつ学んだりしてみて。フランス語を学び始めて、女性名詞と男性名詞があるのを知ったら、なぜそういう違いがあるのか調べる、なんてのもいいかも。

それから偏らずにさまざまな分野の発信を見て、いろんな人がいることを知っていきましょう。たくさんの人に会って話を聞いたり、ＳＮＳでいろんな人を見たり、知らないインフルエンサーがいたら、なぜその人が人気を得ているのか調べてみて。

どれもこれも全部マスターする必要はないので、自分の中で決め付けてしまっていることを一度フラットにして、広く浅く、いろんな概念に触れてみましょう。

その体験が自分の許容範囲をどんどん広げてくれますよ。

たくさんの色の中から自分だけのカラーを見つける

幅広く体験するプロセスを経たら、次は〝自分とは〟何かを探求していきましょう。

いろんなことを体験して、選択肢がいくつもあることを理解したうえで、「じゃあ自分はどれが好きなんだろう」と自分に問いかけ、最終的に自分のこだわりの色を見出していくんです。

いろいろな国のことを調べたら「今まで気づかなかったけど私は南米にすごく惹かれる」とわかった、今まで見たことがないジャンルの映画を見たら、「意外とインディーズ系の映画が好きかもしれない」とわかった、というように、一つ一つ見ていくと自分の個性が浮かび上がってきます。

この作業をすることで、よく知らないうちからジャッジするのと違い、自分の色だけではなく他の色も同時に存在する、ということが感覚でわかるようになります。

そうすると自分だけの世界にこだわることがなくなって、たくさんの個性が花開く多極化の時代を楽しく生き抜いていけるようになりますよ。

読書でさまざまな人の視点を身に付ける

いろいろなことを体験する中で、超絶おすすめなのが読書です。

インターネットやＳＮＳは広く浅く何かを調べたりするのには向いていますが、他人の世界に奥深く入り込めるのはやはり本。

本ってどれも著者個人の専門分野なり、個性が凝縮されていますよね。何かのテーマを深く掘り下げたり、個を極めていない本はなかなかないと思います。

だから誰でも無意識に書き手の世界に入っていく気持ちで本を読みますし、結果的にその著者の思考にとても強くつながることができるんです。

自己啓発書であれば、「私はこういう分野で、こういうことをしたらうまくいったから、誰でもできるようにこのメソッドを紹介する」というように、その人の一生分の経験や価値観があって、それを体験できます。

小説であれば、その人の世界観が文章の中にあふれていて、太宰治なら太宰治の雰囲気の中にどっぷりと入り込むことができるし、ファンタジー小説だったら想像の中で自分がいるのとはまったく違う世界に行くこともできます。

自分が別の人の思考回路に入れるという意味で、本ほど多極化に有利な媒体はないんですよ。

虹龍さん的には、ジャンルを決めないで、さまざまな分野の本を読むのもすごくいいことです。

小説ばっかり読んでいた人だったら、苦手だった科学書を読む、実用書をよく読むのだったら、推理小説を読む、スピリチュアルな本が好きなら、理論的な本を読むなど、今まで読もうとしなかった本もぜひ挑戦してみて。

ストーリーよりも文章の雰囲気を味わうような小説は苦手だと思ってたけど、読んでみたら何となく良さがわかった、なんていうように、新たな発見がきっとあります。

たくさんの分野の本を読んで、人間の価値観が本当にいろいろあるということが理解できると、多角的に物事が見られるようになりますよ。

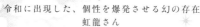

七色に輝くものをお守りがわりにして

虹の名の通り、虹龍さんの加護を頂くならキラキラした七色に光るものがおすすめ。パワーストーンならば、ホワイトラブラドライトやオパールなどが良いでしょう。

虹がかかった空と、夢の中に出現

虹龍さんがよく現れるのは、空に虹がかかる時。あとは、夢の中にもよく出てきてくれます。

私の場合、夢で空を眺めていたら、山の上のほうに虹の龍神さんがぐるぐる回っていて、徐々にその流れが強くなっていき、虹色がどんどんキラキラ輝いていって、「みんな輝いていくぞー」とメッセージを伝えてくれました。

ＹｏｕＴｕｂｅの視聴者さんにも、虹龍さんのことを何も伝えていないのに、夢で虹の龍を見たと教えてくれる人が何人もいらっしゃいます。

虹龍さんは、勇気を出して自分の真我を追求し、表現しようと頑張っている人のことを必ず応援してくれるので、その証として虹を見せてくれることもあります。

見た時は虹龍さんの流れが来る兆候だと思って、ぜひ頑張る時の心の支えにしてください。自分がしていることが今はまだ大きな流れにはなっていないとしても、諦めないで。

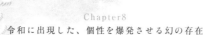

おわりに

「目に見えないものは怖い」

そんなイメージを持っている人がまだまだ多いかもしれません。

じゃあ、なんで目に見えないものが怖いのか？
それは、よくわからないからです。人はよく知らないものを恐れます。
だからこそ本書では、目に見えない存在、とりわけ最近とても人気の高い龍のことを少しでも身近に感じてもらうことで、目に見えないからといって存在しないわけではないし、目に見えないからといって怖い存在というわけではない、ということを伝えたかったんです。

たとえ霊視やチャネリングなどではっきりと交信することはできなかったとしても、目に見えない高次の存在についてイメージしたり、お知らせを信じて行動したりしてみれば、奇跡は本当に起きるんだよ！　現実的に体感できるんだよ！そういう人もたくさんいるんだよ！　っていうことを知ってほしいし、あなたにもぜひそんな一人になってほしいんです。

逆に私は幼少期から高次の存在を見たり感じたりすることができたのに、信じず、行動せず、流れに逆行して、すべてがうまくいかなくなったのですから、見えるかどうかなんてこの際、あまり関係ありませんね（笑）。

ただ、私は龍のことを感じられる能力を与えられたうえに、16年間のスピリチュアルカウンセラー生活で得たデータも持っています。

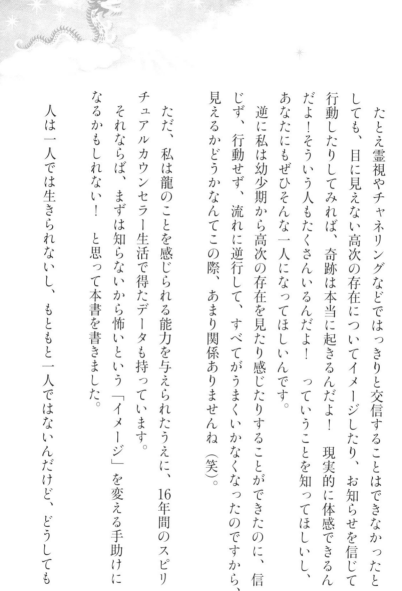

それならば、まずは知らないから怖いという「イメージ」を変える手助けになるかもしれない！　と思って本書を書きました。

人は一人では生きられないし、もともと一人ではないんだけど、どうしてもなぜか「ひとりぼっちだ」「孤独だ」「自分だけで頑張らねば」というふうに思い込んでしまう生き物でもあったりします。

私にも経験がありますが、誰も頼れる人はいない、どうせ神様なんてまやかしだろうし、本物がいても私を見放すだろう……そんなふうに思ってしまうことも。

でもね、そんな時こそ実は目には見えなくても、私たち人間を温かく、根気強く（ほんと――にめちゃくちゃ根気強く何度もチャンスをくれます）見守ってくれている高次の存在がいるということをイメージしてみてほしいんです。

その高次の存在の中でも、龍は大切な「流れ」を司る指導霊です。

この世には「流れ」がありますから、その流れに乗るか逆らうかで、何をするにも雲泥の差が出ます。どんな職業でも、どんな特性の人でもそうです。

だからこそ、龍の流れに素直に乗っておいたほうがいいんです。もうこれは自然の法則ですよね。

もちろん努力すること、チャレンジすることも大切だし、私も面倒くさく感じながらも日々頑張っています。が！　どうせやるなら効率よくやりたいじゃないですか（笑）！　障害にぶち当たってばっかりいるより、スムーズなほうがいいし！　これを読んでいるあなたも、そう思いませんか？

少なくとも「龍」の存在に惹かれるあなたなら、頷きまくっているに違いありません！

どちらにしても、本書に出会えたあなたは、龍とのご縁がないはずがありません！

そうです！　本書を見て龍にときめいたり、龍のお導きを受けたいと感じたりしたのなら、呼ばれてるんです。

絶対に、絶対に、あなたのことを龍は応援してくれます。

だから、まずは動いてみてください！

とにかく動き出しさえすれば、そこで実はもう「流れ」が始まっていますよね？　ということはまさに、動いた時点で龍が付いているともいえるのです。

幸せになる勇気、成功する勇気、描いた夢を叶える勇気。この勇気を持って、本当に小さな小さな一歩からでいいんです。これでいいのかな、本当にコレであってるのかな、と思いながらでいいから、やってください。

迷いながら、本当に大丈夫か不安になりながらも、行動する人が龍は大好きです！「よっしゃ！　動いてるじゃん」って後押ししたくなるんだと思います。

停止している車を動かすのは大変ですが、エンジンを回して動き出している車ならば、たとえ進む方向は間違っていても（笑）、なんとか後押しやサポートによって、方向や速度、曲がる場所を誘導しやすいですよね。まさにそれなんです。


やってみて初めてわかることだって、たくさんあります。

私もそうでした。転機だった、退職後の「真逆生活」も、そこまでひきこもる必要もなかったな、ゲームやりすぎたな、とかも思いました（笑）。でもやりすぎてみてちょうどいい量がわかったので、結局やったほうが良かったんです。

だから、恐れずに、「こうしてみよう」と自分なりに思ったことをまずやってみてください。本書で紹介したワークも、最初はまず書いてある通りに、素直にやってみるといいと思います。

そこから先は、自分なりの流れを掴むための次のお導きがありますよ。


その流れが大きく育っていくかどうかは、あなたの信じる心次第です。諦めずに、あなたの望む未来に向けて、やり方を変えたり、いろんな人を頼ったり、龍のワークをしたり、時代の流れを感じてそれに乗ったりしてみてください。きっとうまくいきます。

だって本当に驚くほど根気強く、高次の存在はあなたのことを愛し、見守ってくれているんですから。

本書に出会ったこと、もうそれ自体が高次の存在からのお知らせなんです。そのことを忘れないでください。

本書は、私自身が辛かった時にこの本に出会えたら救われただろうな、という視点で、過去の自分へのプレゼントのようなつもりで書いています。

もしこの本があなたの人生を変えるきっかけになれたとしたら、私の過去にも意味があることになり、過去の私も救われるというものです。


さあ、次はあなたの番。

実際にあなたが本書を読んだ翌日から、どんなストーリーになっていくか想像してください！　そしてここから先のストーリーを、あなたが書いてください。

まず大事なのはイメージングと設定です。その通りにならなければダメ、ということではないんです。絶対にできるか？　現実的か？　それが正解か？できなかったらどうしよう……なんて考えないで、ワクワクすることをとりあえず書いていきましょう。

「こうなっていくぞ！」と想像しながら一年後までをざっくり書いてみるだけでいいんですよ。例えば、「この本と出会ってからの私は、まず翌日から◯龍に導かれます。そして、早速◯◯を始めると思ったよりも楽しくてついつい続

いてしまい……」……こんな感じです。

さあ、ここからもう「行動」するかどうか？　が始まっていますよ。「買った本に書き込みなんてしてはダメだ！」「きれいにとっとかなきゃ！」「誰かに見られたら恥ずかしいし……」なんて固定観念は今ここで外して。

まずは第一歩を踏み出しましょう！

レッツ・トライ！

もっちーこと望月彩楓

2021年2月

Mirai note

一年後の未来ノート

霊能者
望月彩楓（もちづき・あやか）

スピリチュアルYouTuber、霊能者。幼い頃から霊能力を隠し続けた結果、会社員時代には無理がたたって睡眠障害に。しかも同時に、幼い頃に発症したアトピー、喘息も再発してしまう。ストレスで死にそうな毎日を送る中で、龍神様や指導霊様からのアドバイスを受ける。2004年に会社員を辞めることを決意し、スピリチュアルカウンセラーに転身。個人セッションやセミナーなど精力的に活動する。2019年2月に開設したYouTubeのチャンネル登録者数は合わせて20万人（2020年12月現在）。実践できるスピリチュアル講座や、パワースポットのレポート、オラクルやタロットリーディングなどスピリチュアルな情報を発信中。

＊ YouTube【自分大好きもっちー】
https://www.youtube.com/channel/UCSz3UBZ1WuBJ-6_bcgoRwbg

＊ もっちーオフィシャルウェブサイト
https://mocchiy.com/

STAFF

装丁　白畠かおり
編集協力　橋本留美
DTP　石塚麻美
イラスト　ナツコ・ムーン
校正　ぷれす

ミラクルばかりの幸福《こうふく》な人生《じんせい》に変《か》わる

七龍神《ななりゅうじん》の開運《かいうん》お作法《さはう》

2021年2月18日　初版発行
2021年9月 5 日　10版発行

著　者　望月彩楓《もちづきあやか》
発行者　青柳昌行
発　行　株式会社 KADOKAWA
〒102-8177 東京都千代田区富士見2-13-3
電話 0570-002-301（ナビダイヤル）
印刷所　大日本印刷株式会社

【お問い合わせ】
https://www.kadokawa.co.jp/（「お問い合わせ」へお進みください）
※内容によっては、お答えできない場合があります。
※サポートは日本国内のみとさせていただきます。
※ Japanese text only

定価はカバーに表示してあります。

ISBN 978-4-04-605065-6　C0095

七つの龍の紋章

おさいふやスマホケース、
パスケースなどに
入れて持ち歩いてください。

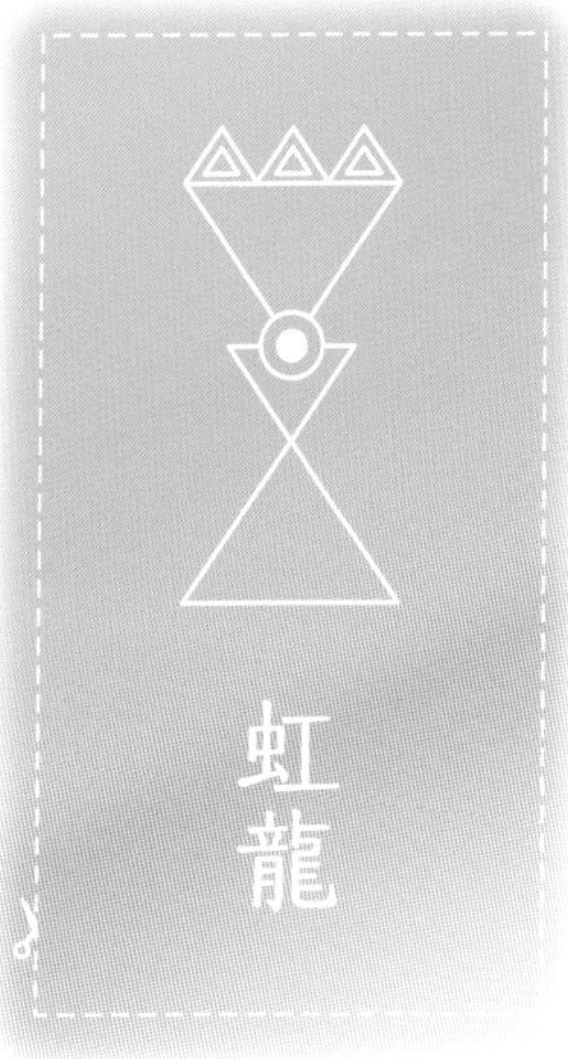
虹龍

銀龍

朱龍

青龍